監修 北山 修
O. Kitayama
編著 髙野 晶
A. Takano

週一回 サイコセラピー序説

精神分析からの贈り物

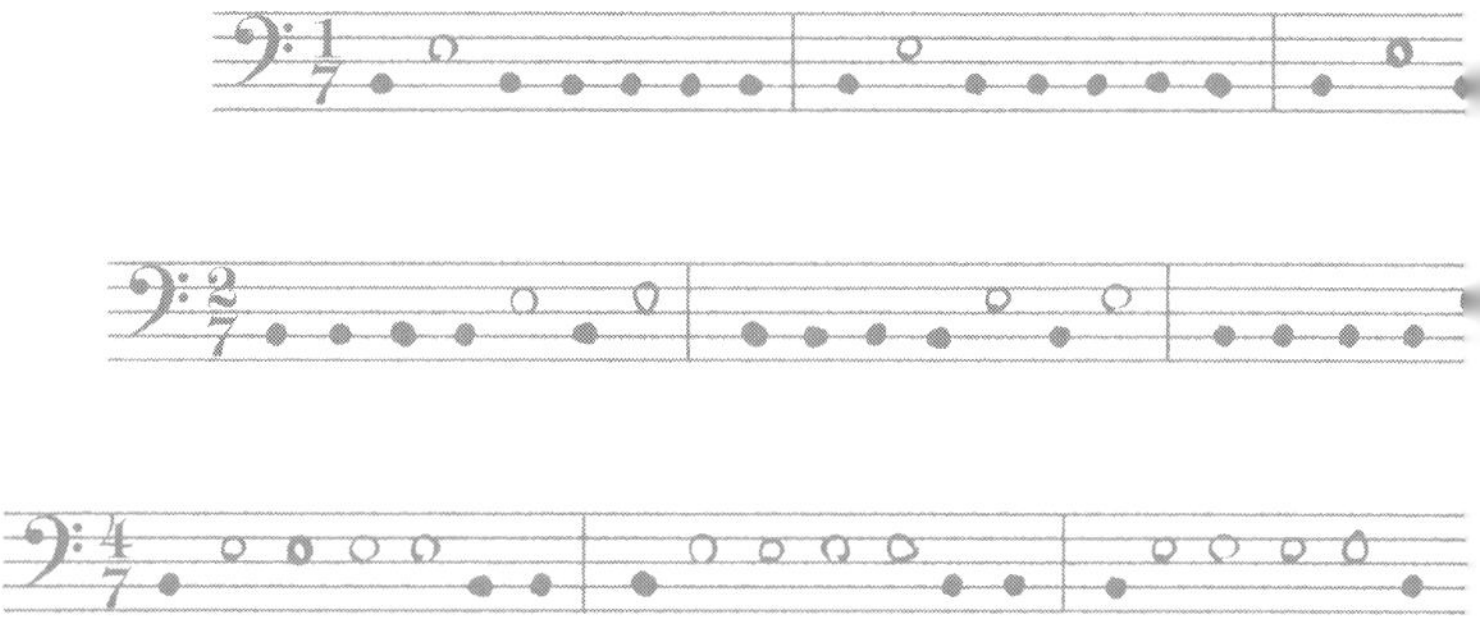

創元社

まえがき

精神分析的臨床に携わる人々は「精神療法を愛している」と言ってもそれほど間違ってはいないだろう、と私はときどき思います。その習熟には並々ならぬ時間と労力を要し、治療的成果は、必ずしも目に見えやすい形をとるわけではありません。学術的な、あるいは経済的な目覚ましい評価が得られるかというと、そうでもありません。しかし、臨床や訓練を続けてゆく過程で、何か我をとらえて放さない真なるものを感じるようになるのだ、といえるかもしれません。

実は、ここで「精神分析を愛している」と記さないところに本書の由縁があります。精神分析に対しては「敬愛」がふさわしいかもしれません。

日本においては、古澤平作が精神分析的臨床を導入して以来、その多くは〝週一回〟という形式を基準としておこなわれてきました。そこでは基本的な概念や理論、治療の枠組や姿勢は、高い頻度を必須とする精神分析において生み出されてきたものに多くを負っていますが、週一回の精神分析的臨床は、精神分析そのものとは異なったものです。歴史的にはさまざまな理由から、「異なっている」ことを直視することには消極的な姿勢がとられてきましたが、近年「違い」についての率直な発言が散見されるようになったことは、本書の小論で述べるとおりです。それならば、その精神分析そのものではないもの、しかし精神分析のエッセンスがもとになっているもの——週一回の精神分析的精神療法——について、「精神療法を愛している」私たちが正面から取り組んでみよう、と企てたのが本書です。「精神療法を愛している」読者に向けてぜひ伝えたいという思いに後押しされて、刊行となりました。

意外にも、このような目論見はこれまであまりなかったようです。精神分析に惹かれているがゆえに「精神分析そのものでない」ことはいたみを伴ったのか、〝週一回〟の精神分析的精神療法は、その固有の姿として十分に捉えられ語られることなく、時が過ぎました。しかし、本来の週一回の精神分析的精神療法は日陰者ではないはずです。前述のように、週一回の精神分析的精神療法に対し精神分析との対比がされて相対的な眼差を向けられるようになったことと、精神分析を基礎としつつ成立したその固有のあり方を吟味することとが、表裏となって進みつつあります。精神分析と週一回の精神分析的精神療法の関係は変わったわけではなく、その関係をより明瞭に知ることがここでの本意です。

さかのぼって、二〇一六年七月、週一回の精神療法をテーマとして、《日本語臨床フォーラム》の第六回にして最終回のコンベンションが催されました。日本語臨床フォーラムというのは、北山が牽引してきた《日本語臨床研究会》に続く別のかたちのアクティビティです。

北山はその多岐にわたる研究領域のなかに、「日本」的なるものに関する考察の太い柱を一本据えてきました。本書とのかかわりでは、著書『フロイトと日本人――往復書簡と精神分析への抵抗』や論文「『日本人』という抵抗」は、〝週一回〟という形態が日本の土壌に根を張ってきた由来を物語っています。日本の土壌で育まれてきたこの週一回の精神療法に関して、第六回コンベンションでくっきりと焦点を当てたことになります。

そのまだ余韻の残る頃から本書の企画が始まり、発表者の髙野、北山、岡田、平井、岡野（本書掲載順・敬称略、以下同）はその講演をもとに執筆しました。

また、監修者北山と編集者髙野には、ぜひ依頼したい執筆者が浮かんでいました。それぞれの方々はすでに確立している分野を持っておられ（妙木――短期療法、池田――アセスメント、村岡――ターニングポイント、生地――子どもと思春期）、そこからの視点で書いていただくようお願いしました。鈴木と髙橋は余年の思いからです。お二人は折にふれて独自に週一回の精神分析的精神療法を確かなものとして説き、その設定を活かした臨床の心得を伝えておられました。私自身、後進としてたびたび勇気づけられたそれらのことを読者にも伝えたいと思い、お引き受けいただきました。

集まった原稿から感じたことは、どの執筆者も、みずからの臨床経験という厚い土台の上に立って、現実から遊離せずに、明瞭にものを語られているということでした。

精神分析に関する論述は、無意識や幻想が主な論点の領域であるわけで、セッションで語られる外的現実は転移の理解に吸収されてゆきがちです。しかし本書では、「実体をもった外的現実をそれとしてとらえたうえで、無意識との関係を理解する」姿勢というのがひとつの特徴となり、それは、週一回の精神療法ならではのあり方ともいえるようです。このあたりは、読者の方々に常々浮かぶであろう疑問「セッションとセッションのあいだの一週間の間隔はそれなりに長いもので、その間にクライエントが生きて曝されている現実をどう扱うのか」に、教科書的ではない糸口を与えるのではないかと思います。

さらに、おそらくフロイトやクラインはすでに修めたこととして、ウィニコットやビオンにはふれつつも、より現代寄りのさまざまな精神分析内外の文献引用がなされていることも特徴です。

欧米の精神分析的臨床の観点からいえば、精神分析的精神療法といっても「週二回以上」がオーソドックスでした。近年はさすがに経済情勢などの影響により、〝週一回〟のセラピーが市民権を得ていますが、そこにはまだ〝週一回〟について必ず引用されるような文献は十分ないのかもしれません。各執筆者は、培われた精神分析的素養と臨床経験を足がかりにしつつ、自由に筆を運んでいます。

さて、これらの論文を配置してみたとき、私はふと「幕の内弁当」を想起しました。「多種多様な要素が、たがいにみだれあわぬほどの節度をもってさかいを構えている。この不思議な秩序の感覚。多元のものを多元のまま治めこむ造形力」――これは意匠論として読み継がれる『幕の内弁当の美学――日本的発想の原点』〔榮久庵憲司著／朝日文庫／二〇〇〇年〕の一節です。本書に収められたそれぞれの論文は、その執筆者らしさをほどよく醸した文体や内容で、ひとつのパッケージの中にいろいろな味が楽しめ、かつ全体の調和がとれている「幕の内弁当」さながらの論文集になったのではないかと思います。

本書の主題である週一回の精神療法というのは、人びとがこの世でこころをもって生活者として生きていることと相性がよいものではないかと私は思います。

私たちがなぜ「こころの臨床家」を志すことになったのか？　それはさまざまでありましょう。身体と病気の不思議に魅せられた子どもであった私は、その延長で医学部に進みましたが、いつしか身体とこころのつながりに関心が流れ着き、心療内科医になりました。生身の患者さんと接すると、いま困難となっている病気だけでなく、その人の生きる歴史や暮らしは、おのずと引き寄せられてくるものでした。精神分析的な観点は、それらをひとまとまりに理解する術となったばかりでなく、いま展開している治療関係に目を開かせられることになり……この先に今があるというわけです。

そのような来歴の目から見れば、クライエントが何らかの苦しさを抱えていて、彼らに精神分析的な治療の適応があるならば、モチベーション次第でその道が開けうる、それは〝週一回〟のセラピーなのではないかと思います。

セラピーに時間を週何回と割ける人は市井にはそう多くはないものです。拘束時間の長い勤労者は週末のひとときを使って、幼子を抱えた主婦は預け手を確保して、学生は学校のスケジュールを縫って、彼らは週一回、通ってきます。しかも一般に、セラピーの費用は気軽なものではありません。それでも「週一回なら」と工面するクライエントは少なくありません。こうして、どうにかセラピーを始めよう、続けようとする彼らに実《じつ》のあるセラピーを提供することは、私たちの使命であるといえるでしょう。

そのためには、〝週一回〟のセラピーの特徴をつかみ、そのクライエントにとっての「週一回ならでは」のセラピーを考える責務がありましょう。そして、時間や費用を捻出している元にある、彼らが帰ってゆき彼らが生きている現実生活も、どこかで感じている必要があります。その生活は病理や妥協形成の結果であるかもしれませんが、彼らをいま生かしている営みなのです。治療関係から目を離してはならない一方で、「治療以外の要素」がクライエントに大きく与っていることを認識している、といった微妙な舵取りが求められることになります。それもまた味わいなり、と感じられましょうか。

さて本書はタイトルに〝序説〟と名づけられています。この後にくる本論を予告する、というよりは、週一回のセラピーに関する論考が今後発展していくことを予見して、という意味合いです。そのような読者の方々への期待を最後に投げかけて、まえがきとします。

本書の企画について機会をいただき、見守ってくださった北山修先生に感謝いたします。また、趣旨を汲み取りつつユニークな主張を論じられた各執筆者の方々に御礼申し上げます。

なお、《日本語臨床コンベンション》の開催から、書籍化の企画そして本づくりのなかで、丁寧なナビゲーションをいただいた津田敏之氏と櫻井綾子氏、創元社のお二人のしごとによって本書が刊行に漕ぎ着けたことを、謝意とともに付記します。

二〇一七年 八月

高野 晶

目次

序章　週一回精神分析的精神療法の歴史——体験と展望

高野　晶

はじめに

ある理論体系の歴史的変遷を把握することは、学びの定石のひとつである。精神分析に関してこれまで私たちが触れてきたのは、もっぱら、始祖フロイト *Freud, S.* をはじめとする欧米圏における歴史であった。一方、日本における通史は、わが国に精神分析がもたらされて九十年ほどになるにもかかわらず、まだ十分に編まれてさえいない。北山〔2011〕の『フロイトと日本人——往復書簡と精神分析への抵抗』はその端緒であると思われる。

そうしたことをふまえて私は、日本における精神分析と精神分析的精神療法に関する議論をレヴューし、主に自分にとっての同時代史を綴ってみた〔髙野 2016〕。すなわち、私が一九八四年に初めて日本精神分析学会〔以下、分析学会〕大会に参加して以来の歴史を、日本精神分析協会〔以下、分析協会〕の精神分析的精神療法家（一九九六年より訓練コースが設けられた）としての体験も交えて記したのである。

本論ではまず、それをもとに、週一回の精神分析的精神療法を中心に歴史的展望をおこなう。さらに私が参加してきた三十年あまりの分析学会大会抄録集の治療設定を概観し、週一回の精神療法が日本の精神分析的精神療法の主流で在り続けてきたことの傍証としたい。そして、そこから見えてくる今後の課題を述べることにする。

歴史の概略

いま週一回の設定は、日本で精神分析的な臨床に携わる者にとってはごく当たり前とされる。そのもとをたどると、日本の精神分析のパイオニアである古澤平作が一九三三年にウィーン留学から戻り、その後、日本で実践をおこなうにあたり、寝椅子を用いた毎日分析よりも、みずから開発した背面椅子式による週一回の治療をその装置としたことに行き着く。その後長らく、週一回の精神分析的精神療法と精神分析のあいだの違いは、あえて強調されずに年月が過ぎた。日本の「精神分析」というくくりのなかで週一回の精神分析的精神療法は生き延びて進化し、事実上、日本の精神分析的ムーヴメントの主流となったわけである。

しかしながら一九八〇年代末には、この二者の違いに目を向ける機運は国内に兆していた。一九九〇年代になると、一九九三年のいわゆるアムステルダムショック[*1]に端を発した、分析協会に対する訓練をめぐっての国際的な促しが始まった。それを機に日本でも、プロパーな精神分析と精神分析的精神療法のあいだに分水嶺が屹立した。すなわち、週四回を境に、それ以上と未満が厳然と分けられたのである。

といってもこれは、国際精神分析協会の日本支部である分析協会における歴史の大きな変換点ではあったが、国内の組織である分析学会に直接の影響が及んだわけではなかった[*2]。しかし議論にはのぼるようになった。

さて、こうして頻度に関する議論が分析協会や分析学会でおこなわれるようにこととなった。それとともに、本書の主題である週一回の精神分析的精神療法をめぐって、精神分析との対比という物差しがあてられるようになっていった。

*1　日本の分析協会の訓練分析が国際水準の週四回以上に満たない週一回が主流であることが、匿名通報により国際精神分析協会の知るところとなった件をさす。

*2　分析学会と分析協会はともに一九五〇年代に発足し、分析学会はいまや会員数三〇〇〇人に近づこうとしている。一方、分析協会は国際基準の精神分析家を養成する組織であり、分析家の資格をもった会員は三〇名程度で構成員は分析学会の主軸として活動してきた。

表1　設定と構造

	松木〔2013〕（精神分析）	Freud（精神分析）	小此木（治療構造論）
外的設定	空間：面接室、寝椅子と頭側の分析家の椅子 時間：1セッション45分または50分、週4回以上、休暇など 二者間の契約：料金と支払い法、キャンセルの扱い方、プライバシー保護、火急の対処、分析関係の解消 分析家のふるまい：面接中の記録を控える、服装物腰の恒常性 身体接触の禁止	患者は寝椅子・医師は背後 1セッション60分週6回 時間を賃貸 面接中の記録は奨めない	【外的治療構造】 治療者・患者の数 面接室、治療者と患者の配置（対面・寝椅子）、同席や合同など 面接時間・頻度・期間 通院・入院 費用 【内的治療構造】 治療契約 秘密の保持 面接のルール 約束事項
内的設定	外科医的な感情の冷却 禁欲・節制 中立性 受身性 匿名性	感情を措き外科医のようにひとつの目的に向かう 禁欲原則 医師は不透明、鏡のように	禁欲原則
（技法）		患者は自由連想 医師は平等に漂う注意、無意識の受容器官 転移の確立を待って解釈	

設定と構造

前提としてまず治療の設定と構造の観点から、精神分析的臨床におけるセッション頻度の位置づけを把握しよう【表1】。

フロイトは、精神分析という無意識の世界を探索する方法を創出し、その具体的装置はカウチ、毎日分析、自由連想などであった。そして治療者は分析的態度を備えてその装置の一部として機能する。そのなかに、分析的状況や分析の過程が生まれ、育まれることになるわけである。フロイト以来、理論や技法の発展はあっても、この装置自体はほぼ変わっていない。

精神分析的精神療法においては、この装置に部分的な改変がおこなわれる。外的な設定の改変の主たるものは、頻度と、カウチか対面かである。本書の焦点となる週一回の設定は、週四回以上の分析とは最も隔たった位置にあることを銘記する必要がある。

精神分析と精神療法――ラングス

さてここに、精神分析と精神分析的精神療法についての教科書的な対比〔Langs, 1973〕を示す【表2】。精神分析的精神療法は、精神分析より諸々において限局的なものであるが、そのなかの週一～三回を比較してみても、週一回は非常に限られた目標に適する、とある。

遡れば、フロイト〔1913〕の「精神分析という純金と、より多くの人びとのニーズに応えるための修正すなわち合金」という比喩に始まり、多くの議論が生まれたのであった。

次に英国と米国の議論をかいつまんで伝えておこう。

精神分析と精神療法――米国における議論

米国では歴史的に、精神分析と精神分析的精神療法の比較検討はたびたびおこなわれている。自我心理学を中心とした議論に始まり、対象関係論的見地が加味され、また治療対象が神経症からより重い病理へと広がったことが反映されてきた。さらに、社会経済的な影響が強く及んでいるといえる。端的にいえば、両者の違いを強調するか、ナイト〔1954〕の提示した精神分析～表出的精神療法～支持的精神療法のスペクトラムの観点から共通要素を見いだす姿勢か、ということになる。

ワラースタイン〔1986〕の報告したメニンガー財団の実証研究はよく知られている。対象が重症に偏りがあるもの

表2　精神分析と精神療法（Langs, R.）

	精神分析	精神療法
目標	パーソナリティ全体の改訂	症状の解決；適応的安定；限定的なパーソナリティと構造の変化
目的	症状・無意識的幻想・発生論的発達の全面的探索	症状・無意識的幻想・発生論的発達の部分的探索
技法	深い水準の重要な解釈	非指示的介入に交え重要な解釈．直面化多用
方法	自由連想	適度な自由連想
患者	分析可能性のある患者	すべての病理にわたる
焦点	主に治療関係と治療状況．二次的に生活状況	患者の生活状況．二次的に治療関係
発見	最大限の中核的葛藤をめぐる作業	中核的葛藤の限局的探索＜派生的葛藤の検討
時間	制約はより少ない．介入までより長く許容される	制約はより多く迅速．介入までの時間はより少ない
特徴	寝椅子．分析家は視野外． 週4～5回	対面法．1/w 非常に限られた目標．2/w 内省と自我強化に至適．3/w 不安定な患者 or 分析可能患者
退行	多大な退行的圧力．防衛の緩和．一次過程思考へ．	現実の枠内．防衛のいくらかの緩和．
治療関係	治療関係により多大な集中	境界鮮明．両者にとって関係への集中は限定的．

の、スペクトラムの共通部分に注目する結果となった。すべての治療に含まれる支持的要素による変化は、より分析的な様式による変化と同程度の深さと安定性があるとみなされた、というものであった。つまり、解釈的に蓋をとる方法のみが真の心的構造変化を引き起こすわけではない、ということになる。ただしこれも、少なくとも週二回のセッションがおこなわれていたので、週一回にまで言及されたことにはならない。

一方、カーンバーグ〔1999〕は「目的」と「技法」における精神分析と精神療法の違いに注目する立場を堅持している【表3】。ここで注目すべきは、精神分析的精神療法の頻度を週二～四回としている点である。週一回は、転移にばかり注目すると外界との分裂を助長するので精神分析的におこなうには適さないと述べている。つまり、われわれのいま考えようとしている週一回の設定は転移解釈的な分析的要素を含むことは適切ではないということになる。

さらにブッシュ〔2010〕は、精神分析的精神療法の限界をセッションの間隔があくことに起因させた。そのために転移や抵抗の扱いが徹底しにくく、終結後に得られるのは、精神分析で得られるような自己分析というより、何かについてより自由に考えられることだと述べている。

以上をみると、「精神分析と精神分析的精神療法の共通性に着目する姿勢がある一方で、両者におけるこころの体験の違いには、セッ

表３　精神分析・精神分析的精神療法・支持的精神療法（Kernberg, O.）

		精神分析	精神分析的精神療法	支持的精神療法
目　的		基本的構造の変化	症状の変化のための部分的構造変化	症状の改善. 適応的防衛の強化
方　法		自由連想と自由に漂う注意	自由連想と自由に漂う注意	
頻　度		3～4 以上／週	2～4／週	数回／週～1, 2 回／月
位　置		寝椅子	対面／非言語重視	
技　法		解釈	明確化・直面化・解釈	明確化・直面化・支持技法
転移分析		中心的に解釈	非言語＆言語交流と逆転移により把握し解釈	転移に留意. 転移解釈しない.
中立性		保持	限界設定により放棄されその転移分析により回復	系統的に放棄
適応	軽度	◎	○	○
	中等	○	経済的理由で選択	
	重症	選ばれたケース	○	分析の二次選択

ションの頻度が重要な因子のひとつとなる」と、まとめられるだろう。

英国における議論

英国では、英国精神分析協会が伝統的な精神分析の立場を貫き、一方、国民医療サービスと連携するタビストック・クリニックは社会のニーズに対応するような精神分析的臨床のさまざまを提供している。この状況下、治療の比較検討は北米ほど盛んではないようだが、いくつかを紹介してみよう。

思い浮かぶのはウィニコット〔1977〕の発言「週一回の治療は、週五回の治療とオンディマンド法とのあいだで虻蜂とらずに終わり、ほんとうの深い作業が成し遂げられることを妨げている」である。オンディマンドの意義を主張しているともとれるが、週一回に対しては手厳しいものである。

近年では、慣習的に週三回以下の治療が「精神分析的精神療法」とよばれ、セッション間隔の置き方それぞれで分析的には異なった状況となるという。また、週一回の治療をとてもうまく使って生産的な分析関係をもつ患者も少ないながらいる、と添えられている〔Milton, et.al. 2004〕。

コルタート〔1993〕は、精神分析と精神分析的精神療法の共通点を重視する立場をとる。しかしその違いを尊重しており、精神分析的精神療法らしさを展開するやりかたを、次のように示した。頻度は週一〜三回〔二回が多い〕で、豊富でペースの速い相互交流を重要視して、多くは対面法を用いる。また、ビオン〔1970〕の「記憶なく、欲望なく」セッションに臨むという態度について、セッション頻度が高く、心理的資質を十分にもつ患者にはその提唱を容易に援用できるが、週一〜二回の場合は、「記憶」を用いるのが大切な場合もあると述べている。助けを必要とする患者に対して、ビオンにならったつもりの自己満足の沈黙は、適切でもよいものでもなく、行き詰まりや回避から抜け出る援助を提供するのが、治療者の仕事であると厳しく主張する。コルタートは、精神分析的精神療法のなかでは週一回とそれ以上のあいだに線引をしてはいない。

日本現代史Ⅰ——一九八九年・違いを認識する

さて、日本では「精神分析的臨床としてもっぱらおこなわれている週一回の精神分析的精神療法が精神分析臨床に近似する」とみなされた歴史が長かったことになる。そこに変化が生じたのは、海外での訓練経験者と従来の指導者層の討論がおこなわれるようになった頃からであった。

一九八九年の分析協会東京大会における衣笠〔1990〕と小此木〔1990〕の発言は、精神分析研究誌に掲載された。小此木は、古澤平作が週一回背面椅子式自由連想法による実践を寝椅子毎日分析に改める志半ばで病に倒れたことが要因となり、週一回の慣習が根づき、そのかたちで健康保険制度に「標準型精神分析療法」が組み込まれたことも相まったと説明した。しかし精神分析としては国際基準の週四回以上を満たす必要があり、また、精神分析的臨床に対しては週一回以上の実践を望むと述べた。衣笠は、週一〜二回と週三回以上のあいだの自由連想としての質の違いを次のように記している〔筆者要約〕。

週三回以上寝椅子使用では、患者治療者ともに内界志向となり、安心感を保ちつつ早い展開がおこる。週一～二回では無意識に深く入ることに制約があるために寝椅子はあまり使われない。対面法では、視覚が加わり現実的で力強い交流が生じ、内界の幻想だけに集中しにくい。そして患者の投影に応じた治療者側の情緒表出も避け難い。治療者がそれらをコントロールし、内界志向が維持できれば患者へのインパクトは大きいが、そのようなことが利用できる可能性は患者のパーソナリティにもよる。総じて頻度の少ない治療は、こころのなかでも比較的現実に即した内界に関わって、治療関係を現実寄りに保ち、治療内外の連続性を維持する。よって転移の現れは明快になりにくく部分的であり、治療者は転移を見いだすのにより注意を必要とする。そして、治療外の there and then の対象関係を積極的に取り上げることや受容的・支持的態度なども推奨される。

結論として、衣笠の主張は、治療の頻度や対面か寝椅子かという治療構造による治療機序や技法の違いを治療者が認識することの重要を説き、どういう病態の患者にどういう治療構造が適切かという検討が今後望まれると締めくくられている。

日本現代史Ⅱ——一九九八年・頻度ごとの検討①

その後、アムステルダムショックが勃発し、国際基準を満たす週四回以上の精神分析という認識を訓練体系に明らかにする分析協会の変革〔1993–1996〕を経て、精神分析研究誌において「精神療法における時間的構造」という特集が組まれた。

そこで小此木〔1998〕は、精神分析的精神療法を主とする分析学会の独自のアイデンティティを確認し、プロパーな精神分析との違い（頻度の違いや、寝椅子と対面法の違いといった）を吟味しつつ、共存することをよびかけた。

衣笠〔1998〕は毎日分析について詳述して、毎日分析の土壌で生まれた精神分析の基本的な理念・概念・技法を週一回の臨床に無条件にあてはめることには、疑義を呈している。精神分析理論は、その発生の土壌すなわち毎日分析を伴わないで日本に輸入翻訳され臨床に適用されてきたわけだが、そこに歪《ひず》みが生じうることを薄々感じる国内の臨床家は少なくなかったのではなかろうか。しかし自分自身を顧みても、精神分析的な研修の途上ではそれも一旦おいておくことになったといえよう。衣笠は、週一回の治療においては転移逆転移の把握が難しいこと、治療外で起こっていることの理解と介入が必要であり、また、治療外の対象関係における防衛分析を中心とした介入や解釈の必要が述べている。つまり、here and now ばかりでは片手落ちになりかねない、ということになる。衣笠は、頻度ごとの転移・逆転移の様相、退行や治療プロセスに関して頻度ごとの比較検討が重要であると、ここで再び述べている。

鈴木〔1998〕は、毎日分析から生まれた転移解釈（Strachey の変容性解釈に促された here and now の転移解釈）が週一～二回の精神療法でも妥当だろうか？　と問題提起している。これは衣笠と通じるものである。一方ここで鈴木は、意識せずにおこなわれているであろう毎日分析と異なった治療者の配慮があることを推測している。そして症例を通じて、患者が週一回のセッションに持ち込むものを扱う治療者の技能の、ふたつの側面（現実的出来事と、それへの患者の反応を理解する現実水準のものおよび、その出来事を今ある転移の文脈のなかで理解する〔Mander 1995〕こと）をめぐって論じている。連想を現実として聴くこと、転移（特に陰性転移）の文脈として聴くこと、転移が行動化された外的現実であるとして聴くこと、のシフトというテーマが考察された。

鈴木はまた、患者の治療外における大人の部分、つまり防衛的部分を駆使して生活を保ち、週一回の治療を維持するような側面を「偽りの自己」と過小評価せず、there and then のもつ現実性を評価することによって、週一回という治療の枠組が保たれ、そのなかで here and now が扱われ理解される可能性が出てくると述べている。こうしたケースを通した綿密な検討の積み重ねを、われわれは必要としているといえるだろう。

私は同誌上で、週一回と週二回の違い（治療者／治療構造の支持機能が増すこと、情報の量と密度が増し、治療者が分析的に理解する機能が増すこと、そして治療の展開が早まること）を論じた〔髙野 1998〕。

こうして頻度についての議論が、精神分析および週一～二回の精神分析的精神療法について、実際の臨床素材をもとにさまざまに検討されることが始まった。議論の傾向としては頻度を増やす方向に向いていたが、ここで鈴木が週一回の治療を改めて見つめ、治療者に必要な機能を述べているのは、注目に価する。

日本現代史Ⅲ――二〇一一年・頻度ごとの検討②

二〇一一年の分析協会大会シンポジウムでは、「精神分析の頻度」というテーマが掲げられた。松木〔2012a, 2012b, 2015〕は、治療者が無意識を知る方法には二とおりの態度があることを示した。第一の方法は free floating attention の状態であり、サーチライトのように注意を自由に漂わせて無意識的な不安を感知することに始まり、無意識の文脈を読み、今ここでの照合もおこないつつ、解釈につなぐというものである。これは頻度を問わず精神分析的臨床全般に可能なものといえる。一方、第二の方法は evenly suspended attention の状態であり、注意は棚上げされたまま、もの想いのなかで突然に選択された事実が直感されることになり、こちらは、高頻度と寝椅子という条件が絶対的であると述べられている。このように、頻度によって分析的態度のありかたが規定されるという言及がおこなわれた。

小川〔2012〕は、分析状況に here and now であらわれる全体状況としての転移が扱われるには、そのなかに含まれる不安や恐怖や衝動に持ち堪えるために高頻度のセッションを必要とすると述べた。彼みずからの経験を通して、週一回から五回までのそれぞれを紹介し、週三回以上が精神分析治療として妥当だと主張した。

次に藤山〔2012a〕は、精神分析的精神療法の実践のもとになる精神分析の知は毎日分析という精神分析的精神療法とは異なった設定のなかから生まれてきたものであることを認識している必要性を挙げた。これは先の衣笠の提言に通じる。一方藤山は、毎日分析における精神分析が生活を巻き込みつつ営まれる人生の一時期のありようを「生活臨床」という切り口でとらえ、そのなかにある供給と剥奪のリズムが精神分析らしさをもたらすとみなした。毎日分析ではない精神分析的精神療法はそのリズムが根本的に異なることになると主張したうえで、連続した二日を使った精神分析的精神療法には、その性質が担保されうると述べた。つまり、週一回と週二回の治療では、転移の立ち上がりや解釈の生まれやすさといった精神分析的な本質にあたるものに大きな開きがあることを主張したのである。

このシンポジウムに討論者として参加した私には、改めて、精神分析的精神療法とは何かという自問が生まれた〔髙野 2012〕。初学の頃から久しく、毎日分析をもとにした理論書を読んですべてが腑に落ちるとは思えないという感覚が、大きな声ではいえないけれどあったことは確かである。経験的には、週一回の治療において転移を取り上げて扱いやすい患者とそうでない患者がいると感じていた。転移を扱いやすくない患者の場合、どこか無理をして知的に転移を捉え解釈をおこなうことがあった。このごろは転移を読みつつ実感を待ってから実際に扱おうとするようになった。振り返るに、週一〜二回の精神分析的精神療法は、精神分析と近似であると位置づけられてきた歴史のなかで、身に合わない着物をしばしば着てきたようにも思える。つまり、精神分析的精神療法に精神分析そのもののふりをさせることにばかり邁進せず、週一回らしさ、二回らしさを発揮し、かつ精神分析の知を生かせる方法を探究してはどうだろうかと改めて感じていた。

日本現代史Ⅳ——二〇一二年・週一回と週二回の精神分析的精神療法

二〇一二年の『精神分析研究』誌において、特集「セッションの頻度から見た日本の精神分析」が組まれた。そこでは、先の藤山の論考が練り上げられ〔藤山 2012b〕、また多角的な視点から構成された。

飛谷〔2012〕は、精神分析的な本質が成立する境界は週一回と週二回とのあいだにあるという説を提唱した。そのうえで、週一回の治療を精神分析的におこなうための必要条件として、第一に、その治療者が実践する臨床全体のなかで分析的感度が担保されると見なせる週二回以上の精神分析的な心理療法を一例はおこなっていること、第二に、治療者の個人分析経験を挙げた。彼が引用したハリス〔1971, 1977〕の言葉は示唆的である。すなわち、週一回の治療では、患者の新たな素材が扱われないまま展開し、分離の感覚に鋭敏でないため休みの解釈が有効になり難く、転移が拡散しがちで、治療者は、分析的であろうとするために解釈への使命感から、不要な解釈や理論的すぎる解釈をおこなう、というものである。いずれもおなじみの現象といえよう。つまり、週一回で分析的にあろうとするためにはいくつもの難関があるということである。それらをクリアするための必要条件が挙げられたのだった。

日本現代史Ⅴ——二〇一四年・週一回の精神分析的精神療法

二〇一四年の分析学会第六〇回大会において藤山〔2015〕は「週一回の精神分析的セラピー再考」という会長講演をおこなった。分析学会の主たる臨床形態である週一回の治療が、有用性をもちつつも、実は精神分析的臨床全体においては辺縁にあること、すなわち精神分析的になりにくいことを、正面から取り上げることになった。そして週一回の治療が精神分析的であるために、次の点が提案されている〔筆者要約〕。

・精神分析的な理論を生み出す土壌である訓練を受けた分析家によるオーソドックスな設定をもった精神分析と、週一回の臨床は質的に異なっている可能性の認識を常にもつこと。

・週一回の臨床では供給と剥奪のバランスが剥奪寄りに偏位しているゆえに、セッションの冒頭部分から転移をひろうことを念頭におき、終盤には分離をかぎとること。

・そして面接で生起していることが外に持ち出され、実人生としておこっていることを見いだすべく能動的に考えること。〔筆者註——これは先の鈴木の言及に通じている〕

以上は、治療者にかなりの意識的努力を求めている。さらに「治療者みずからが治療を受けることによって精神分析らしい体験が内在化されているという要素」が最後に提起されている。

この論述は、これまでに週一回の治療に対して藤山自身や他の論者から述べられた提案を総括しつつ、条件付きでなら週一回の治療がなお精神分析的でありうる可能性を示唆するものといえるだろう。

なお藤山〔2016〕は、これまでの論述を総括するように「平行移動仮説」とよぶものを「精神分析家による週四回以上の精神分析によって積み上げられてきた技法論や病理論を、訓練分析を中心とする訓練を受けていない治療者による、日本で一般的な週一回の対面の実践にそのまま〝平行移動〟して使用することができるという仮説」と定義し、この仮説はいまだ検証されていないことを明確にした。そして、分析学会で積み上げられてきた日本で一般的な週一回の実践が有用であることは共通認識とみなせるが、精神分析らしさをどのように措定するのか難しいところにさしかかっていると記した。

日本現代史Ⅵ――北山の視点

北山〔2004, 2009, 2011, 2012〕はこれまで、この領域に関しては独自の発言をおこなってきた。国内に向けられた分析学会と国際精神分析協会の支部である分析協会の二重性に「日本人の抵抗」を見いだしつつ、この矛盾を生きることが「日本の精神分析」を実践することだという主張である。
日本での精神分析臨床において週一回が中心になっている背景に、患者のニードという要素を加えたことも注目される。そして、週一回と週四回には違いは大きいが、ケースを簡単に選べない現実をふまえ、「どのような頻度であれ必要に応じてできることをして、相手と対話しながら症例と状況に応じて『ほど良い』治療構造を『適当に』『適切に』創るのがいいと思う」と述べている。また、防衛を取り除こうとするプロパーな精神分析治療「覆いをとること」とは対極にある、適応的な防衛をつくる営み「覆いをつくること」にも与る広いスペクトラムをもつことを、みずからの姿勢として明言している。

日本現代史Ⅶ――精神分析学会公募演題編

週一回の精神療法がわれわれの精神療法臨床の主流であり続けていることを前提にここまできた。ここであえて、本当にそうなのかを見直してみたいと思う。

そこで私は資料として、自分が参加した分析学会の第三〇回から六一回大会〔1984-2015〕までの三二回分の抄録集を用いた。公募演題のセッションの頻度を調べてみようと思いついたのである。この素材はいちおう、その時代の査読を通った、ミニマムな要件を備えた精神分析的精神療法であるとみなした。全公募演題からグループや入院治療などを除いた個人精神療法を対象とした。

方法は、抄録のなかに治療設定の記載を見つけ、治療中の設定の変化の有無を確認する、というもので、週一回未満、週一回、週一回を超える頻度、に分けてみた【表4】。なお、二〇〇三年〔第四九回〕までは治療構造について明記がない抄録が多く、演題採択条件にもその規定は十分明瞭でなかった時代である。それ以降では、ほぼ七〇％代を週一回の治療が占めており、確かに「週一回が主流だ」ということはできそうである。

前述のように週一回への相対化がおこなわれ、セッション頻度が増えることのメリットが謳われてきたところで、週一回を上回る演題が飛躍的に増えたかというと、今のところまだそういうわけでもないようである。付け加えると、個人精神療法の演題数は、三〇年余りのうちに二九題から増え続け、二〇一五年は一〇〇を超え、その増加の主体は週一回の治療であるという事実もある。セッションの頻度は、治療者側の要因によるのかもしれないし、また、北山のいうような患者側のニードや現実状況などの方から規定されているのかもしれない。

表4　分析学会公募演題の治療頻度

大会	週1>	週1	>週1	不明	計
'84　30	1	11	5	12	29
31	0	12	7	10	29
32	3	17	4	8	32
33	0	13	4	13	30
34	2	11	9	13	35
35	0	21	10	13	44
36	1	17	7	16	41
37	1	22	5	19	47
38	3	34	6	16	59
39	2	22	7	19	50
40	1	20	13	25	59
41	1	26	12	14	53
42	4	25	13	10	52
43	4	33	9	12	58
44	9	34	11	12	66
45	8	35	7	16	66
46	7	65	11	14	97
47	3	59	14	21	97
48	7	59	8	13	87
'03　49	2	71	15	10	98
50	5	59	16	1	81
51	6	45	13	1	65
52	3	60	17	1	81
53	9	51	10	0	70
54	8	74	15	1	98
55	8	55	16	1	80
56	5	50	11	0	66
57	4	52	15	0	71
58	8	72	13	0	93
59	5	68	12	2	87
60	6	55	14	0	75
'15　61	4	82	15	2	103

週一回精神療法の今後のために

さて、この抄録集の調査は予想を遥かに超えるエネルギーを要した。抄録集をめくっていくうちに、日本の精神分析的精神療法の世界では五十年余りをかけて「週一回の治療は毎日分析と近似である」という仮説（以下「近似仮説」）に基づいた壮大な実験がおこなわれてきた、とみることができそうに思えてきた。この「近似仮説」は、藤山の「平行移動仮説」と共通部分があるが、より総体的なものである。

抄録の内容を読むともなく目で追うと、頁のそこここに、精神分析的であろうとする、精神分析的に考えようとする苦闘があふれていた。出発点が毎日分析である文化においては、その派生としての精神分析的精神療法のひとつである週一回は、支持的な要素が十分あり、症状の解決を視野に入れたものと位置づけられる。しかしながら、日本の歴史のなかでは、分析的探索的な治療的態度が中核におかれ、実践が積み重なってきた。これはきわめて特異なことではないかと思う。

一九九〇年代以降、この「近似仮説」に批判的検証がおこなわれ、週一回の限界に注目が集まった。そして、それでもなお臨床実践の多くを占める週一回治療が分析的であるためにはどのような認識をもつ必要があるか、という建設的議論が生まれつつあるのが、昨今といえるだろう。

ここに付け加えよう。五十年あまりの近似仮説にもとづく実践は、精神分析学会の会員の増加、演題数の増加、という裏づけを伴っている。それは臨床家たちが週一回の実践において、支持中心ばかりではなく探索的・分析的であることに意味を見いだし、惹かれ続けていることを反映しているのではないだろうか。とはいえここから、「近似仮説」が支持されて週一回の治療によって精神分析に近い探索が可能だという結論は出せない。むしろそれとは別なところに、支持的に留まらず分析的姿勢をとる週一回の治療に生産的な意義を見いだしていくことは可能なように思われる。それは、プロパーな分析に近づくことを第一義とするのではなく、週一回の治療において患者の病態や能力を吟味し、現実も視野に入れつつ保たれうる分析的臨床態度によってであろう。

さて、分析的から支持的までのスペクトラムのどの位置にも分析的および支持的要素は存在するという視点を援用することは、精神分析的精神療法を理解するのに有意義であると確かに思う。ただそのスペクトラムの幅はとても広く、頻度・対面かカウチか・患者の病理や精神分析的資質・そして治療者の治療姿勢によってスペクトラム上のさまざまな位置が選択される。しかし、これらについて網羅する標準的指針をわれわれはいまもっていない。ひとりひとりの臨床家が構造をからめて治療プロセスを自覚的に探究すること、そしてそれらの経験知が集積され明文化され共有されることが求められているといえよう。

私は先に、日本の精神分析的精神療法は身に合わないことを目指しすぎていたのではないか、それらしさを発揮する方法を目指すべきではないかと思ったと述べたが、言葉を接ぐなら、身に合うあり方についての検証が今後の歴史に続いていくことを望みたいと思う。

まとめ

本稿ではまず、精神分析と精神分析的精神療法、そしてそのなかの週一回の治療についての比較を俯瞰した。そして、日本の分析学会／分析協会の現代史における治療頻度の議論をレヴューした。そこでは週一回の治療が精神分析的であることは容易ではないと論じられていた。しかし日本の精神分析的臨床においては週一回が主流で在り続けてきたことはある程度実証的にあり、週一回の治療に精神分析的な質が担保されるための要件が提唱されている。とはいえ、週一回の精神療法には固有の臨床的特質があり、一義的に精神分析的であろうとするあまりにそれらの特質を減じることは本末転倒ともいえるだろう。

治療の頻度と対面・カウチの特性および患者の病理との組み合わせなどの臨床研究の集積が待たれるところである。

Bion, W.R.（1970）*Attention and Interpretation*. Tavistock.

Busch, F.（2010）Distinguishing psychoanalysis from psychotherapy. *The International Journal of Psycho-analysis* 91, 23–34.

Coltart, N.C.（1993）*How to Survive as a Psychotherapist*. Sheldon Press. 館直彦監訳／藤本浩之・関真粧美訳（2007）『精神療法家として生き残るこ

と――精神分析的精神療法の実践』岩崎学術出版社.
Freud, S.（1913）Weitere Rastchlage zur Technik der Psychoanalyse：I. Zur Einleitung der Behandkung. GW, VIII. 小澤和樹訳（2014）「治療の開始について（精神分析技法に関するさらなる勧め　I）」藤山直樹編・監修『フロイト技法論集』岩崎学術出版社.
藤山直樹（2012a）「精神分析的実践における頻度の問題」日本精神分析協会年報 2, 28–34.
藤山直樹（2012b）「精神分析的実践における頻度――『生活療法としての精神分析』の視点」精神分析研究 56, 15–23.
藤山直樹（2015）「週一回の精神分析的セラピー再考」精神分析研究 59, 261–268.
藤山直樹（2016）「精神分析らしさをめぐって」精神分析研究 60, 301–307.
Harris, M. & Bick, E.（1971）The place of once-weekly treatment in the equipment of a psychoanalytically trained child psychotherapist. In Harris, M. & Bick, E.（2011）*The Tavistock Model*. The Harris Meltzer Trust and Karnac.
Harris, M. & Bick, E.（1977）The Tavistock training and philosophy. In Harris, M. & Bick, E.（2011）*The Tavistock Model*. The Harris Meltzer Trust and Karnac.
Kernberg, O.（1999）Psychoanalysis, psychoanalytic psychotherapy and supportive psychotherapy：contemporary controversies. The International Journal of Psycho-analysis 80, 1075–1991.
衣笠隆幸（1990）「自由連想と治療回数をめぐって――英国及び日本での経験から」精神分析研究 33, 373–378.
衣笠隆幸（1998）「毎日分析の歴史と現状」精神分析研究 42, 225–239.
北山修（2004）「国際的視野から見た日本の精神分析」精神分析研究 48（増刊号）91–101.
北山修（2009）『覆いをとること・つくること――〈わたし〉の治療報告と「その後」』岩崎学術出版社.
北山修（2011）「国際的視野から見た日本の精神分析――その二重性と柔軟性」北山修編著『フロイトと日本人――往復書簡と精神分析への抵抗』岩崎学術出版社.
北山修（2012）「『日本人』という抵抗」精神分析研究 56, 8–14.
Langs, R.（1973）*The Technique of Psychoanalytic Psychotherapy*. Jason Aronson.
Mander, G.（1995）In praise of once-weekly work：making a virtue of necessity or treatment of choice. British Journal of Psychotherapy 12, 3–14.
松木邦裕（2012a）「gleichschwebende Aufmerksamkeit をめぐるパーソナルな見解」日本精神分析協会年報 2, 20–27.
松木邦裕（2012b）「gleichschwebende Aufmerksamkeit についての臨床的見解――精神分析の方法と関連して」精神分析研究 56, 409–417.
松木邦裕（2015）「総説：精神分析的臨床を構成するもの」精神分析研究 59, 52–71.
Milton, et.al（2004）*A Short Introduction to Psychoanalysis*. Sage Publication. 松木邦裕監訳／浅野元志訳（2006）『精神分析入門講座――英国学派を中心に』岩崎学術出版社.
小川豊昭（2012）「精神分析の頻度と here and now――自身の体験も含めて」日本精神分析協会年報 2, 25–42.
小此木啓吾（1990）「自由連想法と治療回数をめぐって――わが国におけるその歴史と現況」精神分析研究 33, 387–394.

小此木啓吾（1998）「毎日分析との出会い」精神分析研究 42, 218–224.
鈴木龍（1998）「週一回の精神療法における現実生活の主題と転移の扱い」精神分析研究 42, 240–247.
髙野晶（1998）「面接頻度を増やすことについて——週一回から週二回へ」精神分析研究 42, 248–258.
髙野晶（2012）「討論 1」日本精神分析協会年報 2, 42–46.
髙野晶（2016）「精神分析と精神分析的精神療法——分析的枠組みと分析的態度からの展望」精神分析研究 60, 52–65.
飛谷渉（2012）「週一回設定の心理療法を精神分析的におこなうための必要条件——週複数回の精神分析的心理療法実践の立場から」精神分析研究 56, 39–46.
Wallerstein, R.S.（1986）*Forty-two Lives in Treatment. : A Study of Psychoanalysis and Psychotherapy*. The Guilford Press.
Winnicott, D.W.（1977）*The Piggle*. 妙木浩之監訳（2015）『ピグル』金剛出版.

提題　週一回精神療法
——日本人の抵抗として

北山　修

はじめに

私はここで、週一回の精神療法を主流とする臨床のあり方が、一時期「日本の精神分析」として普通に見られるものとなった事情を説明したいと思います。その第一に挙げられるものとしては、この折衷的に見える臨床形式が、いくつかの点で日本人の心理的なニードに合っていたというところは重要なのです。さらには、週一回精神療法が戦後の時代精神にも支持されていたことも示すことになるでしょう。これが我が国の精神分析として百年に近い精神史を有していることは、世界的にも見ても珍しい現象なのです。また中身の独自性からいっても、多少ともオリジナルなサイコセラピー実践が、「精神分析」の名の下でその精神性とともに実現していたことになり、私はそれを証言しておきたいのです。

そしてこの設定には、多くの要因が絡むところなのですが、特に「つながり」優位の在り方が決定的だったことを提示しておきます。それとともに、日本から提出された「甘え」「阿闍世コンプレックス」「見るなの禁止」という母子関係についての理論化が必然的なものであり、それらが週一回精神療法の治療構造と密接に関わっていたところを示すでしょう。多くの神経症者は、すでに濃厚で複雑な「つながり」のなかで、しばられ、苦しみ、悩み、悶えています。それで、新たに濃厚な関係（つながり）を提供しようとする分析的治療者は、そういう既存の文化や環境を理解しておかねばならないと思います。

また、この報告の前提として言っておかねばならないのは、小此木啓吾が導入した治療構造論的認識のことです。ここで言う週一回サイコセラピーは、必ずしも週一回だけで教条的におこなわれたわけではなく、「あれとこれと」と考えられて、頻度も形式も相当に柔軟であったように思います。それは、岩崎徹也編集の『治療構造論』(1990)にも描かれており、さまざまなかたちが実践されていたことが伺えます。

しかし、構造を融通無碍に動かしていたというのではなく、構造の変化は中身に影響を与えるということを深く認識しようという思考運動こそが治療構造論の意義であったと思うのです。したがって、週四回以上の精神分析は、ここで論じるものとは内容的に異なるものとなりがちであり、週一は週一でそれなりの技法論があり得るのですが、紙面の関係上、それは他の論者に委ねたいと思います。

臨床と文化をつなぐことは簡単ではありません。個別の臨床に関した記述はできる限り客観的でありたいし、文化論はそれを生きる者としては主観的な評論となるでしょう。これは、二つをつなぐために、先達がそうしたように文化素材を客観的証拠として活用し、その困難に挑戦するものです。

週一サイコセラピーを支えた人たち

ふつう精神分析は、文化や時代を持ち出しません。それでも日本の精神分析運動のなかで、「小此木ブラザーズ」と呼ばれることのあった故狩野力八郎と私、そして相田信男、さらに故・皆川邦直や故・丸田俊彦という終戦世代に共有されたのは、精神分析と精神医学との共存という重要な課題でした。また臨床心理学においては力動的心理学が主流で、並行して発展していました。歴史を踏まえるなら、力動的精神医学を担ったのは、丸井清泰、古澤平作、そして土居健郎、西園昌久、前田重治、小此木啓吾、成田善弘らです。臨床心理学では、馬場禮子、鑪幹八郎、乾吉佑、深津千賀子と、その名を挙げることができるでしょう。

ここでは常識的なので詳細は言いませんが、精神医学に属した医師やサイコロジストによって実践される精神分析的臨床は、医療場面では「簡易精神療法」と呼ばれることもあり、経済的にも時間的にも週一回以下の頻度がいちばん適応しやすかったのだと思います（逆に言いますと、精神医学のなかで、その居場所を失いつつあることと並行して、毎週複数回のセラピー論が前景に出てきたのです）。

それで週一回サイコセラピーが一時期、国内向けの「精神分析」となったわけですが、私はその細かな内容よりも、その考え方をとりだして検討したいと思います。何度も言ってきましたが（例えば、きたやま2016）、私たちは事態を「あれかこれか」で割り切るのではなく、「あれとこれと」として、外国の精神分析と我が国の精神分析の二重性を維持することが必要だと考えていたと思います。

どれほど週四回という頻度が制度化されようとも、週一回が主流であることは、髙野晶（2016）が報告するように、長く変わりがなかったのです。それを実践するあり方の例として、多焦点の思考運動を如実に示す二重の形態が先達から受け継がれてきました。つまり、日本精神分析学会ＪＰＡと、そして国際精神分析協会ＩＰＡと連携する日本精神分析協会ＪＰＳとの並存は、わかりやすい二重性であると私は思います。そして、これを私は「日本のやり方」と呼んで、国際学会でも論じてきました（Kitayama 2010）。

もちろん、このような二重性はどこにもありますが、ここで「日本的」と言うのには、根拠があります。三〇〇〇人という会員数の学会と約三〇人という会員数の協会の、数のうえでの落差は、世界的に見て際立つ差であり、どこにでもあるものではありません。そのうえ、協会の会員のほとんどが学会の会員であるという、全体の部分を構成するところ、つまりどちらにも所属してその両団体がつながり重なっているところは、再び「日本的」であると言っていいでしょう。表向き分化しながら、その背後でつながっているのです（表現の正当性は後で示します）。

そして、その論客たちもまた、精神分析のなかでも分裂せず、土居、西園、小此木らは棲み分けて共存していました。ここに絶対的中心はなく、フロイトを頂点に傘下に集いながら、中心化するものを疑っていたと思うのです。河合隼雄が「中空構造」〔1982〕と呼んだものも、中心のない精神性を言っていました。彼らは幅広く、古典的フロイディアン、自我心理学、対象関係論、クライン学派、自己心理学と包摂し、時にラカン学派まで取り入れてきたようです。

特に土居は「西欧の精神分析」も疑い、日本文化に根ざす治療観も疑うという懐疑主義を貫いておられたと思います。それがゆえに、いやそれだからこそ、みずから受けた古澤平作の治療に挫折し、欧米で受けた精神分析も中断して、訓練分析に依存していたみずからの「甘え」を洞察したプロセスは、彼の重要な発見の思考運動と立場を示すものであったと思います〔北山2011〕。加えて記憶に残るところでは、学会の或る人びとは「精神分析病」という名前まで使い、懐疑を維持しておられたと思います。週一回精神療法は、輸入文化としての精神分析も疑い、みずからのことをも疑っているところで生まれたと言っていいと思います。土居だけではなく、神田橋條治たちの学風を見るなら、それは生き方とともにあり、公的に徒党を組まない、幅広く門を構える営みであると言えるでしょう。

「あれとこれと」

この共存の精神は、狩野の二〇一一年の協会での発表「日本精神分析協会と日本精神分析学会——共存の歴史とその行末」で、歴史と共に語られました。これを読むなら、実にこの「と」には葛藤があるのです。ただし、この葛藤には個人差があるように思います。小此木の場合は、精神分析の分化や発展をそのまま人生として生きており、あまり葛藤なく、吸収されてきたようです。対して土居は、フロイト理論と格闘されてきたと言われ、それは勝つか負けるか、「あれかこれか」だったように思います。ただし結果的には、「甘え」理論は西洋の精神分析理論との相補的な共存を可能にしたように見えます。そして私個人は以上のような、葛藤しながらも、絶対的選択をおこなわないで幅広く学ぶ、という感覚のプラグマテズムを維持する者たちを「日本的な中間学派」と読んできました。

私の見るもの、聞くもの、体験のすべてに、洋の東西、日本と外国、日本語と英語、こころのウチソト、体とこころ、という二分法がありました。そして私は、これらの、分裂しやすい二つが、相互補完し合い両立することを目指した時代の人間なのです。確かにフロイディアンの思想は、意識か無意識か、一次過程か二次過程か、男か女かと「あれかこれか」を問うものです。それはペニスがあるのか、ペニスがないのか、と性別を検閲する態度のようです。このフロイト的な二分法に対する態度のとり方が、同世代でも個人差があるのですが、私たちは「あれかこれか」でも「あれもこれも」でもない、「あれとこれと」なのです。

私にとりこの二つのあいだやその立場が、「と／か *and/or*」で「割り切れない」のです。私にとって中立や核心、中心とは、右や左、上や下、外や内に対して、「どっちつかず」で「中途半端」になりやすく、「評価の分かれるところに」立つという宿命があり、その見にくさや割り切れなさをも引き受けて不恰好に生きることこそが、「私の精神分析」なのだと考えています。ではなぜこの折衷主義とも言える態度が、精神分析でなければならないのかというなら、それは他の心理学がこの無意識化されやすい考え方のことをほとんど語らないからであり、それは精神分析でなければならないのです。

はっきり言って、どのような意見も、或る見方からの観察と報告であり、得られる展望はその観点から見えたものです。ですから、神の観点を得ない限り、全体は見えないはずです。いや、神にすら全体は見えないかもしれないのです。例えば、太陽が西に沈むことが真実であっても、その光景は、それを見ている場所によって違うのです。見え方も、時間も、色までも違うのです。また同じことを見ていても、見ているところが違うのです。

山陰地方が山の陰なのは、極東が極東なのは、その見ているところや立っている場所のせいです。ここで同じ紙にさまざまなこころの発達の見え方を並べてみると、それぞれのポイント・オブ・ビューの場所が異なり、全体の正確な地図とはならないのですが、精神分析の見取図にはできます（北山 2009）。

この図は、見る場所によって見え方が違うということを考慮するなら、或る理論はもっと小さくすべきかもしれないし、大きくすべきものもあります。平易な言葉で書かれたものもあるし、抽象度の非常に高いものもあります。接近して巻き込まれながら観察しているものもあれば、遠く距離を置いて見ているものもあるのです。また、どれだけ時間をかけようと全体の見取図は完成しないのですが、その完成しない全体こそ真実でしょう。

つまり、さまざまな学派の理論は、簡単にはなかなか一つに統合できません。それでも精神障害を発達の停滞として見て、精神分析の発達理論と共に並べてみるなら、診断と分析的な理解・解釈・見立てとを分裂させないで取り持つことができるのです。そして、そういった試みは精神分析と精神医学が共存している時代のものだということがわかるでしょう。ただし、自立という最終段階に向け、「エディプス・コンプレックス」の達成や母子分離を強調する発達理論は、例えば相互依存を理想、あるいは成熟とする日本人と合わないところがあるようです。精神分析輸入に際しての、そういう問題意識や違和感とともに、本格的な毎日分析（ここでは「フル精神分析」と呼ぶ）に対する抵抗が生まれたと私は考えます。

フル精神分析に対する抵抗

「つながり」という抵抗

私が編集した『フロイトと日本人』（2011）という本で、精神分析に対する日本人の抵抗が歴史的に重要であることを示しています。また私は、日本的中間学派は、あれからも学び、これからも学び、それぞれ関係を切らないという学風があるということも示しました。その取捨選択は時間に任せ自然淘汰でおこなわれているのでしょうか。いや、私の観察では、日本人は意味のあるかたちで選択しているのです。その原理は、土居〔1971〕も引用するように「人倫組織の絶対視」〔中村元 1962〕と言えるでしょう。そこを損なわない限り、あるいはそれを助長し発展させる場合に、摂取採用したのです。

日本人の人倫的組織の絶対視とは、「甘え」に他ならないと土居は言い、私ならそれは「つながり」の絶対視だと言い換えるでしょう。「つながり」は、時に神経症的な「しばり」になるとしても、やがては理想的な「和」となり、セイフティ・ネットのようなネットワークとなることが期待されるわけです。それは農耕社会のニードに合うものであり、自立が共通目標となる狩猟民族のそれとは異なると述べられることがありますが、わかりやすい説明と思います。

精神分析学会においてもなるべく学問的な分派を作らず、「あれもこれも」と旺盛に摂取して、多焦点の感覚を生き、ものを書いた人が小此木です。多焦点のアンテナを張り巡らす彼の思考を表す言い方を、ここに引用しますと以下のようなことです。

「わが国の現実は、さまざまな臨床経験が共存している段階にある。それぞれの立場とそれぞれの臨床経験をもつ人々にとって、それぞれの精神分析に価値がある」〔小此木 1990〕――小此木はこれを「多神教的な共存と協調」と呼びました。小此木の旺盛な、何もかもをカヴァーして守備範囲を広く確保する態度、この思考のなかで共存させる態度は、自我心理学から対象関係論を経て、最後は自己心理学を取り入れ吸収しておられました。

こうして私たちは、文化的特色の強い、この多焦点的な考え方について、精神分析的に考えねばなりません。「つながり」「きずな」「関係」の維持こそが絶対に大事となるとき、何が臨床における病理として問題になるかという問いかけは重要です。常識的には、母親対象の喪失、つまり甘え対象の喪失、裏切りや幻滅が病理の契機となりやすいと考えられるのです。それはどこの文化でもありうることですが、「つながり」の絶対視と言えば言うほど、それに関する不信感も強いのだと精神科医としては言いたくなります。

さらなる議論の前に、文化の只中にいてこれを精神分析的に考える際の、重大な困難がふたつあると思います。ひとつは、これについて考えないように、見ないようにしているタブーで、これは私の「見るなの禁止」論で述べてきたとおりです。もうひとつが、上記の西洋の精神分析的な発達理論ではありえないような、前エディプス的な「濃厚な母子関係」を、エディパルな父の視点で、つまり第三者的に、考える際の困難であります。

恥という抵抗

ここで、「見る／見られる」における心理的な困難として、〝恥〟という抵抗があることを示しておきます。この点では、日本文化を活用する私自身は、「見るなの禁止」(北山 1993)という物語に長く注目してまいりました。多くの患者たちが、あるいはクライアントたちが、この悲劇的物語を何度も繰り返しておられるからです。

具体的な素材は「鶴の恩返し」です。本当の自己を隠した動物の女が人間になって嫁に来る話です。最近の物語ではこれは「恩返し」なのだと語られていますが、本来の物語では、女性主人公が押しかけ女房となって、向こうから勝手に訪れます。つまり、受身的な男性主人公の「甘え」のニードに応えてやって来る場合が、いちばん古典的なかたちです。女は布を織って男に与え、二人は幸せになります。それに味をしめた男は布をもっともっとと貪欲にせがみ、女は布を織る自分の姿を見るのを禁じますが、禁止にもかかわらず男は覗いてしまいます。私はこれを、時間とともに破られてしまう禁止 *taboo to be broken in time* と呼びましたが、これは、絶対的に破れない近親姦の禁止と対照的です。

日本の異類婚姻説話の多くは悲劇的に終わってしまいます。本当の自己をあらわにした異類女性は深く恥じて、男のもとを去るというのが終わり方です。「恥の文化」では、自分の傷口や正体を露出したら、恥じて去らねばならないという伝統があるかのようです。つまり、相手の異類性や傷つきを明らかにすると、それだけで相手の〝恥〟となり、対象を失うというのです。同時に、見られる側だけではなく観る側の責任は非常に重いのです。

これでは、見る側にも見られる側にも、精神分析に対する抵抗が生まれやすいのは当然でしょう。回数を重ねて「こころの秘密」を掘りさげる、「蓋を取る方法 *uncovering method*」としての精神分析は、「恥の文化」と相入れないところがあり、蓋が取れてしまっているパーソナリティ障害や重症患者の治療が増えるのも当然だろうと思うのです。濃厚な人間関係を提供する「フル精神分析」に対し、「週一回精神療法」は、そして無意識を取りあげない他学派は、逆に、一見あっさりした人間関係を提供していると言えるでしょう。

日本人の多くは、濃厚な人間関係に辟易としていて、そこまでのインヴォルブメントを求めていないので、週一回くらいが丁度いいとも言えそうです。さらには、サイコセラピー関係も、網の目のように広がる関係性を構成するひとつの目になるわけで、フルに巻き込むものを提供しても、高い頻度に対する大いなる抵抗に合うものと思われます。

ゆえに、「診る」「看る」と言うのですから、精神分析への抵抗心理についても「蓋をとる」ことを推し進めるなら、「（血の）つながり」（北山 2012）の起源である両親たちの姿を正視しなければなりません。われらがこれを見ることができないなら「見るなの禁止」は再生産されて、私たちは自由な思考を得られないからです。

「つなぐ母体」

さて、ここに日本人の「つながり」（北山 1992）の絶対視と、母体側の過重負担に関する、驚くべき証拠がありま す。日本の春画のなかには、母親が上半身で子どもの相手をしながら、下半身で父親や間男とセックスしているところを描いた作品が数多くあります（北山 2012）。例としてここに挙げているのは、歌麿の「葉男婦舞喜」です。

これは母、子、夫の三人が並んで寝るという「川の字状況」では発生しやすい光景だと思います。重要なのは、父親が母子のあいだに割って入って三角関係化することを、ひとつの成熟に向かう達成であり不可欠とする精神分析の考えに対し、父と子の母を中心にする共存が展開しています。「母の乳房にぶら下がる男たち」とは良く言われる表現ですが（例えば、大日向雅美 2015）、父親が内部に参加したままではその第三者性・外部性を失ってしまいます。

実際に「つるんでいる」ことが自覚されなくとも、私たちのあいだではこれが無意識的な空想やイメージとして浮遊しているでしょう。母親の肉体の上半身は子どものものでありながら、下半身は父親のものであるという、母親の体を通して連続するイメージは、「つなぐ母体」が父親のものでもあり子供のものでもあるという両面的な存在として機能し、「つながり」を維持する、重要で深刻な反エディプス的イメージだと言えます。「反エディプス」というのは、これを第三者的に観るなら、育児をおこないながらセックスするという両親像では、「つながり」が切断されないのです。この「つなぐ母体」は、「あれもこれも」で、お互いの関係は切らないでおこうという「和」の維持と、母体は上半身と下半身を使い分けながら、参加する皆が「つながり」の維持のために互いに気を遣うという関係性を示しています。

図　歌麿「葉男婦舞喜」（部分）

この「裏でつながること」が母子関係や人間関係で反復していることを、次の二枚の絵で示しますが、この「つながり」が日本的では美的なものとして扱われ、「和」が理想化されていることを可視化するものでしょう。そして現代日本で、この「横のつながり」を維持するネットワークが壊れているのであれば、同時に自立志向も共有されていないなら、弱者にとっての心的環境は複雑で不信感に満ちたものになっていると言えるでしょう。

当然、母子関係中心の育児ではこれを担当する母体に無理を強いている可能性があります。春画のごとく育児とセックスを同時におこなえる方々とは、参加者が健康で、元気で、大らかである場合に限られることになるでしょう。しかし、父親が母子関係に割って入るというよりも、これから排除されている場合、あるいは、母親に皆が抱えられている場合があります。後者では、子供と同列でなかに参加してしまい、父親が第三者たり得ないとすれば、精神分析的思考にとってはきわめて重大でしょう。

図　歌麿「風流七小町 雨乞」

図　豊雅「風流十二月 八月」

「川の字」の悲劇性

これは、精神分析の発達理論と比べて考えてみると、二者関係から三者関係への移行において大きな問題の生まれることを予想できます。

子どもからすると、エディパルな父親が強大な存在であるなら、二者に介入する第三者的父性の存在によって、母子関係が切られるわけです。つまり、父親の存在により、早くから三角関係化されるのです。それに対比させるかたちで考える価値があるのが、日本の精神分析のパイオニア古澤平作の言う「阿闍世コンプレックス」

（小此木・北山 2001）です。古澤が資料化した阿闍世物語は重大要素の多い悲劇ですが、三角関係化という文脈における悲劇性は、父親が母子関係を切るというのではなく、母親が自分の知らない裏で父親と「つるんでいた」のを発見、阿闍世が「裏切った」と怒るところにあると考えます。

もう少し一般的な図式に置き換えて言いますと、状況は次のようになります。幼い息子を甘やかしながら育てている母親が、同時に父親とも性的関係をもち、どちらの側でも「寝ている」のです。子どもから見ると、母親は母性的な存在ですが、背後にある母親と父親との性的な結びつきは隠されていて見えにくいのです（一群の春画のテーマですが、これも「見るなの禁止」と呼べるでしょう）。阿闍世は父親の王を幽閉しましたが、母親は体に蜜を塗って父のもとへ通うという事実を隠していたのです。栄養分を提供するために体に蜜を塗るというイメージは非常にエロチックで、父親はその体をなめ、子も母親をなめているところを空想させます（大映映画『釈迦』1961）。

こういう裏切りが問題となる具体的な臨床ケースを考えるなら、「川の字状況」は子供にとって重大な文化問題というよりも環境問題と言えます。最初から夫婦の寝室が子とは別で、距離があり、父親が母子を「切る」のであれば、それは父親が子供の怒りのターゲットになって際立つでしょう。しかし「川の字」では二者関係から三者関係への移行で、「裏でつながる」親の二重性と、その「見るなの禁止」のために、三角関係が見えにくいし、考えにくいのです。こうして家族という環境問題が、臨床における醜さ（見にくさ）となって問題化しやすい土壌があるのです。そう視点で考えると、出会うケースは個人個人であっても、家族問題がうるさく絡むケースは多いと思います。それはすぐそこにあって、巻き込み、侵入し、操作しながら、そこにあります。ただ、それがややこしいので、あるいは見にくいので、取り上げないだけなのでしょうか。

週一回精神療法の課題

環境問題を取り扱う

こうして、日本で広がりのある「川の字文化」という環境や文化では、日本人には精神分析の発達理論はそのまま応用できないのです。例えば、親を相当に近く感じやすいということがあるかもしれません。その〝甘え〟が母親の裏切りを体験させやすいことを示すのが、「阿闍世コンプレックス」でしょう。「見るなの禁止」の物語も阿闍世物語も、セックスがそこでおこなわれながら「見て見ぬふり」をさせる二重性として読むことができます。

こうして発達の見取図には、〝甘え〟を助長し、「見るなの禁止」でそれが温存され、やがて「阿闍世」のように母親の裏切りとして問題化するという理解を加えねばなりません。しかし、見られる側は恥じて去り、見る側は見ぬふりをすることを学ぶという、無難な対処方法の存在も読みとることができます。春画は、その二重性の実在を見事に可視化してくれますし、それが特段の問題を生じさせずに笑い飛ばされていることを証言しています。一例ですが、以下の小説の記述では、その興奮が祭りのようだと言われます。

夢のなかで彼は父親と二人でタエ〔母〕を犯していた。そして重蔵〔父〕と信介〔息子〕の両方に、鳩のような声で鳴きながらこたえていた。父と子はタエの白い体をはさんで、お互いの腕をからませ、微笑を交しては強く交互に前後から体を動かすのだった。それは彼にとってけっして卑猥なイメージではなかった。それは父と子とタエの三人のかたいきずなをいっそうたしかなものにする。さわやかで生き生きした祭りのようなものとして、彼には感じられたのだ。〔五木寛之『青春の門』〕

これが「きずな」を描く日本の文学からの証言です。あっちでもつながりこっちでもつながる、「つなぐ母体」がある。それは、切れないように皆が気を使っているのですが、同時にこれはこれとして楽しまれているというのであれば、それはそれでよしとすることができるでしょう。しかし、日本の「和」や「つながり」が理想化されるなら、「阿闍世コンプレックス」論ではその幻滅の際に子が彼女を憎むのが普通の道筋となり、母親が憎しみと裏切りの当事者になってしまうことになるのです。そして、その急激な喪失では、「きずな」の回復や再生が当面の手当てになるのでしょう。

しかし、それが長期化して慢性的問題となる一般の臨床ケースでは、家族の影響が子供にとって環境問題となると言えます。成人になっても家族や家族的環境が取り囲んで、心配し、介入してきます。たとえ、ケースは自立しているようでも、その周囲は、環境は、家族的であることが多いようです。この臨床悲劇の生成や起源の精神分析的な理解には、以上の文化理解が重要であることは確かでしょう。そしてこれを踏まえて精神分析的臨床をおこなうなら、多くのケースで、環境調整やその見立て、あるいはマネージメントが必要になるというわけです。「赤ん坊というものはいない、母親と共にある」と言われますが、意外と、成人のケースでも、外部では環境問題や家族関係を取り扱い、内部では第二者としてサイコセラピーを、二重におこなう必要がある場合が少なくないでしょう。

それは家族療法家の仕事ではないかと言う人もいます。私の経験では、違うと答えたいと思います。度々のように、環境問題が整理されると、その後に個人治療や精神分析に相応しい事例や症例が発見されるのです。こう考える私は、分析的治療者であっても、特にセッティング（設定）の当初は外的環境も心的世界も、内外の両方を扱うことになったのです。問題は家族か個人かではなく、外的現実か内的現実かのどちらかではありませんでした。ここで、環境調整をおこなう精神療法例が掲載された拙著（北山 2009）から、症例Hを紹介します。

「つなぎなおし」

症例Hは某外科病院で働いていた看護師で、知的な女性です。服装も化粧もきちんとしていましたが、表情のない人でした。困っているのは「抑うつ」であり、看護学校時代から意欲がなくなり毎日のように薬を飲み、看護師として本格的に働き始めてから調子の悪さは隠せなくなり、治療を受けたほうがいいと言われて、共通の知人の紹介で私の精神療法クリニックを訪れました。雑貨店を経営する両親とは別居しており、五歳年下の弟がいました。性格はイイコで優等生であり、両親には助けてもらいたくないと最初から語りました。

大量の抗ヒスタミン剤、漢方薬、鎮痛剤を買い集めて、内科で出ている薬を含めると一五種類近くの薬物を使用していました。パーソナリティ診断は薬物治療のために複雑化しており、行動パターンや症状の有り様からは「境界例」「ヒステリー」という問題があるだろうと思いました。それでしばらくは、薬物の調整、主治医の設定も含めて、私の仕事はマネージメント、つまり環境調整であると理解しました。まず患者は、看護師として働くことを休むことになりました。五〇分の時間をかけた定期的面接で、薬の話題になると、少女のときどれほど痛みを訴えても、薬を信用しない親は薬を与えなかった、と語っていました。さらに、幼いときからよく泣いたと言い、こころの痛みもなかなか取れなかったのだろうと考えました。状態が悪化すれば入院もありうるし　そのときには治療が中断になることを説明しましたが、親は鎮痛薬を与えなかったのですから、投薬は重要な関係を成立させるものでした。

そして、ただ逃げ回る患者に対し「どうしたどうした」と侵入してくる両親と面接することを提案しました。私は「両親を憂うつにさせないようにして自分ひとりで憂うつになっている」と指摘し、彼女の同席で両親に会うことを提案、受け入れられました。両親と面接し、医者たちに囲まれているので、何かあったらこちらから連絡することにしたいと伝え、さらに彼女の貴重な居場所に侵入しないように注意し、薬は今のところ必要なので、薬をやめるよう強制するのは中止してほしいと言いました。両親たちが、娘が飲んでいる薬が麻薬ではないかと心配しているのが印象的でした。次いで、サーファーのボーイフレンドに会い、病状を説明しました。

他方、彼女の落ち込みが続き、経済的理由で再開した勤務は週に数日だが疲れると言い、状態は悪化して投薬は増量となりました。そんなとき、勤め先の病棟で、注射液がなくなるという事件が起きます。犯人とされた彼女は腹痛のために使用したと主張し、不注意だったと反省しました。周囲の彼女に対する不信は増し、同僚の精神科医から「境界例でないか」という意見も述べられるようになりました。私は迷いましたが、主治医として勤務先の病院に連絡をとり、上司から患者が薬剤室の戸をこじ開けて入ったという情報を伝えられました。私たちのほうも、薬を自分で手に入れないという約束で始めた治療ですから、ペナルティとしての、パートの勤務に格下げになることに、患者とともに同意しました。

複雑に絡み合った環境問題との「つながり」の整理と調整が、最初の半年の仕事でした。彼女は環境から逃げまわっていましたが、やがて居場所を得て落ち着いてゆきます。

以上に報告したのは、会って三ヵ月くらいのところですが、面接では彼女の性格傾向、つまり自分で自分の世話をして人に任せようとしない「自虐的世話役」（北山 1993）のことを説明しました。そこで、他人の世話になれる環境にすることをなるべく配慮し、心因性と思われた腹痛も軽く見ないで、内科の主治医を新たに設定することになりました。

一つひとつが、彼女のいるところで手配され、彼女への説明や解釈をおこない、彼女の同意を得て実行されました。約半年かかって「抱える環境」が程よく完成していったように思います。その後は落ち着いて、環境の重要性は問題が生じない限り背景に退き、確実にそこにあるのですが、本人にも関係者からも当然視されて忘れられていきました。こうして設定が整い、薬物との「つながり」が必要でなくなっていくプロセスを可能にする精神療法が始まりました。その中心テーマは、「騙されて」長男のように育てられた彼女が「父」や「男」と出会い直すことでした。

最初の仕事を「抱えること」と呼ぶと母親的ですが、環境調整をおこなった私の役割は、家族と患者のあいだに割って入り仲裁する、つまり「つながり」を切ってつなぎなおす、第三者的で父性的なものと考えていました。

三角関係化に向けて

このように治療を構造化する際は、心理療法をおこなう治療者であっても、外的環境と心的世界という、内外の両方を扱うことになるのです。その構造化モデルの代表が、小此木らが提示したA-Tスプリットという、主治医 *administrator* と治療者 *therapist* の分化と連携を論じる技法論です（岩崎 1990）。特に外的環境と内的世界の扱いでは、治療者自身や治療チームの連携の二重性や不純さ、そして裏切りや幻滅、そして不信感が、日本の分析的臨床では問題となりやすかったことは、私が示してきたとおりです。

当時の報告にはそういう議論が満ち溢れています。その議論の好例が、患者の秘密の取り扱いです。述べたように、こういう臨床体験が「甘え」「阿闍世」「見るなの禁止」という概念と深く関係していたと思います。また、日本では週一回精神療法が「精神分析」として実践されていましたが、その秘密が国際協会に暴露されたという、いわゆる「アムステルダムショック」と呼ばれる出来事も、ここで取り上げた二重性問題の劇化として、私は捉えています。

しかしながら、アムステルダムショックから二十年、精神分析の純化や深化が要請されて、この二重性と不純を引き受けない治療者も増えました。若い人の多くが純粋に「精神分析」だけやりたがり、精神療法の管理やマネージメントという仕事は「転移が汚染される」と回避されがちです。同時に、管理医であるべき医者が、環境調整も身体管理や投薬も興味がないのであれば、それはまるでサイコロジストのようです。もちろん管理と並行して、環境から切り離して、本人の話を個人精神療法として聞くことも大事なことであり、その価値は十分に求めたうえでの話です。ただ、週に一回会って、外部がマネージされないままでこころ（ウラ）が取り扱えるというのであれば、それですまされる対象は少なく、本当にマーケットは小さなものとなるでしょう。

逆に市井のサイコセラピストは、どうしても蓋の取れた方々、あるいはその蓋の機能、つまり防衛が未熟で、周囲とうまくつながれない人びとの治療が求められるでしょう。多くのケースで、最初から、分析的に理解しながら、この文化や社会のなかで「居場所」を見つけるマネージメントが治療的課題となることでしょう。そして環境を扱う者は、内部との「つながり」を維持しながら、具体的な外部性、第三者性を発揮します。

週四回以上も精神分析に通うとなると、外の意識が希薄となり二人は時間をかけて分析関係の内部から第三者性を達成することを目標とします（それに失敗すると、倫理問題すら発生しやすくなるのです）。逆に週一回のサイコセラピーでは、治療者は患者の人生を外から思う機会が増えるので、内的で二者関係的なパートナーとなるためには、分担して現実に第三の目を確保したくなるものです。重いケースでは、管理は主治医の役割であり、その存在そのものが重要で、サイコセラピーをおこなうものではありませんが、多くの場合で治療構造について精神分析的理解が必要です。

こういうマネージメント、さらにはA-Tスプリットや、医師 *doctor*——精神療法家 *psychotherapist*——患者 *patient* の三角形（「DPP三角」）という設定（北山 1993）が、学会でもあまり議論されなくなってきていることを不思議に感じています。そのなかで、乾（2010）の「ゼロ期」の議論やその他のマネージメント論は特筆されるべきものでしょう。

さいごに

セラピストとしてオフィスでただ待っているだけでは、誰も私たちと「つながって」こないことになります。確かに、「つなぐ」という橋渡しの仕事は、見逃されやすい犠牲の上に成り立っていましたが、誰かがセラピストとしてこれを引き継がねば患者は見つかりません。

いま、若い臨床家が、心理療法を実践したいが、相応しい患者がいないことを嘆いておられます。それでは、客のこない客商売みたいなもので、私にはなぜそうなるかは自明です。それは、過当競争に加え、治療者自身がここまで述べてきた「つながり」のネットワークからはぐれたものであり、つながることの下手な治療者である可能性が大と思われます。

土居健郎（1971）『甘えの構造』弘文堂.
乾吉佑（2010）「治療ゼロ期の精神分析」精神分析研究 54(3), 191–202.
五木寛之（1989）『青春の門』（第1部：改訂新版）講談社文庫.
岩崎徹也編（1990）『治療構造論』岩崎学術出版社.

狩野力八郎（2011）「日本精神分析協会と日本精神分析学会――共存の歴史とその行末」日本精神分析協会年報 1, 30–40.
河合隼雄（1982）『中空構造日本の深層』中央公論社.
北山修（1992）「力動精神医学から見た性の発達」臨床精神医学 21(10), 1543–1548.
北山修（1993）『見るなの禁止』岩崎学術出版社.
北山修（1993）「臨床心理学者の医学的理解について」『精神分析理論と臨床』誠信書房（2001）, pp.194–207.
北山修（2009）『覆いをとること・つくること』岩崎学術出版社.
北山修（2010）「フロイト精神分析学との土居健郎の『格闘』あるいは『抵抗』について」精神分析研究 54(4), 337–344.
北山修編著（2011）『フロイトと日本人』岩崎学術出版社.
Kitayama, O.（2011）The "Japanese ways" in psychoanalysis. In: *100 Years of IPA*, eds. Loewenberg, P. & Thompson, N.L. Karnac Books, pp.402–403.
北山修（2012）『幻滅論　増補版』みすず書房.
北山修（2013）『評価の分かれるところに』誠信書房.
きたやまおさむ（2016）『コブのない駱駝――きたやまおさむ「心」の軌跡』岩波書店.
中村元（1962）『東洋人の思惟方法・中村元選集』（第三巻）春秋社.
大日向雅美（2015）『増補　母性神話の罠』日本評論社.
小此木啓吾（1990）「自由連想法と治療回数を巡って」精神分析研究 33, 387–396.
小此木啓吾・北山修編（2001）『阿闍世コンプレックス』創元社.
髙野晶（2016）「精神分析と精神分析的精神療法――分析的枠組と分析的態度からの展望」精神分析研究 60(1), 52–65.

得られるものと得られないもの

第一章

週一回の精神分析的精神療法におけるリズム性について

岡田　暁宜

はじめに

精神分析を準拠枠にしたアプローチは、さまざまな臨床実践に応用が可能である。精神分析を準拠枠にした精神療法を精神分析的精神療法と呼ぶためには、慣習的に、外形として一時間〔近似値として五〇分または四五分〕のセッションを決められた日時に週一回以上の頻度でおこなう必要がある。このように精神分析的精神療法には独自の「構造 *structure*」がある。今日では構造という言葉よりも、舞台装置や状況や環境や背景などの多義的な「設定 *setting*」という言葉のほうが用いられるかも知れない。

本書のテーマに向けて、小此木〔1964〕の治療構造論を引用すると、治療構造には、外面的治療構造と内面的治療構造があり、前者のなかの時間的構造を構成する要素のなかに、セッションの時間や、頻度や、回数や、治療の期間などがある。治療構造を構成する要素には、時間的要素の他に、治療をおこなう施設や室などの場所や、対面かカウチなどの治療設定を含めた空間的要素、施設や機関や立場に基づく関わりの目的や役割の要素、自費か保険診療か無料かなどの費用の要素など、さまざまな要素がある。本書のテーマであるセッションの頻度は、治療構造を構成する要素のひとつなので、精神分析的精神療法について理解するためには、他の要素についても複合的に捉えて総合的に理解する必要がある。

本書のテーマでもある週一回の精神分析的精神療法は、日本最大の精神分析的学術団体である日本精神分析学会において最も多く報告されている臨床実践である。よって本書には、日本で最も標準的な精神分析的精神療法について論じるという意味があるだろう。本稿において筆者は、週一回の精神分析的精神療法の「リズム性 *rhythmicity*」について論じる。それに向けて筆者は、主に精神分析との比較、週一回五〇分の精神分析的精神療法の過程、精神分析を準拠枠にした週一回での短時間のセッションによる力動的臨床実践などを通じて、セッションの頻度の要素を抽出する。

日本における精神療法の頻度に関する議論から

日本精神分析学会において、治療の頻度については、しばしば論じられてきた。例えば一九八八年〔『精神分析研究』四二巻三号〕には特集『精神療法における時間的構造――とくに回数と時間をめぐって』、二〇一二年〔『精神分析研究』五六巻一号〕には特集『セッションの頻度から見た日本の精神分析』、二〇一五年〔『精神分析研究』五九巻一号〕には会長講演『週一回の精神分析的セラピー再考』、二〇一六年〔『精神分析研究』六〇巻一号〕には、シリーズ企画「精神分析的臨床を構成するもの――第三回『分析的枠組みと分析的態度』」などの特集がある。筆者の理解では、そこで論じられていることは、精神分析と精神分析的精神療法の違いのひとつの要素である治療頻度の違いについて理解し、それぞれの臨床実践において、それぞれの臨床特性をいかに活かすかということであろう。週一回が標準である日本の精神分析的精神療法は、国際的にみて精神分析的精神療法として最も少ない頻度の臨床実践といえるかも知れない。

一週間のリズム性について

本書のテーマである「週一回」とは、一週間における事象の回数であり、既に述べたように「頻度 *frequency*」を指している。一週間における時系列をひとつの波として捉えれば、「頻度」とは周波数である。ある事象とある事象の間隔は、波長であり、ひとつのサイクル *cycle* を形成し、ひとつの時間軸のなかで周期 *period* ができる。周期性 *periodicity* や循環性 *cyclicity* などの言葉は「リズム性」と同義語であり、リズムには、一方向性の直線的な時間ではない円環的な時間 *circulating time* の概念が含まれている。

一週間の起源は、旧約聖書の創世記において、神による最初の創造と休息の記述にあるとされる。[*1] 日本における一週間の起源は、平安時代の七曜歴にまで遡ることができる。以前には学校や職場に土曜の午後と日曜は休みとなる一週間のリズムがあった。[*2]

現在、スケジュール帳やカレンダーには、日めくり版、ウィークリー版、マンスリー版などの種類があり、各々の好みや生活スタイルに適したものを使っていると思われるが、曜日毎に一週間のスケジュールを管理して、一週間のリズムで生活を構造化している人は少なくないだろう。「月曜は学校や仕事の始まりで、金曜は学校業や仕事の終わりであり、週末の休みに向かって時間は進む」というリズムのなかで一週間は円環しながら月日が経過する、というイメージを抱いている人は少なくないのではないだろうか。電車の時刻表は、通常は平日と土日で異なり、平日の連続の後に土日が到来するという一週間のリズムは、今日の人間の基本的な日常生活のリズムといえるだろう。

時間生物学的にも、生体事象にはさまざまなリズムがある。そのうち約一週間のリズムは、サーカセプタン・リズム *circaseptan rhythm* と呼ばれるが、それは主に一週間の生活リズムの影響を強く受けている。

日常生活における週一体験について

人間は日常的にさまざまな「週一回」を体験している。最も日常的に体験する「週一回」は完全休日の日曜日の体験であり、日曜日は他の曜日に比べて特別である。その他に、週刊誌の発売、毎週放映されるテレビ番組などは、「週一」体験の典型といえるだろう。それらは、しばしば「つづく」「また来週」などと次週までの暫しの別れと再会の予告で締めくくられる。それを楽しみにしている人にとっては、次週まで待ち遠しく、しばしば次回の内容を想像するかも知れない。一方で週末のニュース番組では、ダイジェスト版として一週間の出来事を振り返る作業がおこなわれる。

さらに子どもから大人まで、毎週の塾や習い事などの習慣や週課などをもつ人は少なくないだろう。心理臨床でいえば、例えば、毎週の非常勤の仕事、診療所の毎週水曜や木曜の午後の休診、医局や臨床グループでのカンファランスなど、さまざま「週一」体験があり、「週一回」というひとつの円環する生活リズムを形成している。既述のように日本の精神分析的精神療法は週一回の頻度の実践が多く、日本精神分析学会の認定取得要件の個人スーパービジョンの頻度も基本的に週一回である。

週一回とはある事象の「体験の頻度」を指しており、「週一」体験はある事象の「頻度の体験」と云えるだろう。人は日常的にさまざまな「週一」を体験しているが、それは一週間という構造のなかで構造化される長い分離と短い再会の「リズムの体験」といえる。つまり一週間のリズムの視点からみると、「週一」体験の意味や価値は、それ以外の週六体験との対比のなかにあるといえるだろう。

精神分析的精神療法における週一体験について

既述のように「週一」体験は頻度の体験であるが、「週一」体験が意味するものは一週間における「体験の密度／濃度 *density*」と云える。しかし、週一回の精神分析的精神療法において治療者と患者が会っている実際の時間は、七日間（一六八時間）のうち一時間（実際には五〇分か四五分）であり、七分の一にはとうてい及ばない。にもかかわらず「週一回」と呼ぶ理由は、精神分析的臨床では、セッションのある日をひとつの体験の単位と捉えて、セッションのある日とない日の違いを重視しているからであろう。

週一回の精神療法のリズムは、患者と治療者と一回会った後には六日間は会わないという「1・6拍子」のリズムである。これに対して精神分析は、フロイトが休息日を除いて毎日つまり週六回患者と会っていたことから「毎日分析」と呼ばれるが、「毎日分析」のリズムは、患者と分析者は六日間連続して会った後一日だけ会わないという「6・1拍子」のリズムである。現在、精神分析はカウチと自由連想法を用いて週四回以上の頻度でおこなわれるものと国際的には定義されており、必ずしも週六回の頻度は求められていない。よって、今日の精神分析における週四回あるいは週五回という頻度は、あくまで週六回という頻度の近似値である。つまり精神分析の基本的な理念は、今日でも「毎日分析」という名称が示すように、週六回の頻度にあるといえるだろう。

　セッションを作業として捉えれば、毎日分析としての精神分析は、作業6に対して休息1の週休一日制であるのに対して、「毎週療法」としての精神療法は、作業1に対して休息6の週休六日制の実践といえる。作業と休息は、それぞれ接近と分離、存在と不在、共存と別離、退行と進展などとして捉えることもできるが、これらは図と地の関係にあり、精神療法と精神分析は、これらの図と地が反転した関係にあるといえるだろう。

　セッションの頻度は「体験の密度／濃度」であり、ひとつのリズムを形成し、リズムはセッションの内容に影響を与える。それは音楽においてリズムがメロディーに影響を与えるようなものかも知れない。メニンガー〔1959〕は、分析状況〔上〕、幼児期状況〔左下〕、現実状況〔右下〕という三つの頂点によって形成される「洞察の三角」という概念を提唱した。それによれば、三つの頂点をめぐる患者の連想過程は、精神分析では反時計回転方向に動くのに対して、分析治療の初期・精神療法・精神科の病歴調査などでは、時計回転方向に動くという。これは、精神分析と精神療法の違いのひとつである「セッションの頻度の違い」が「セッション内の連想過程や連想内容の違い」をもたらすことを示している。

　次に、セッションの頻度がセッションの内容に与える影響について、症例を通じて論じたい。

症例Aは四十代前半の、境界性パーソナリティ構造をもつ独身女性である。Aは精神分析的精神療法の初期に職場や家でみずからの主張を一方的に治療者に話しては帰ることを毎週繰り返していた。あるセッションでAは、以前から毎週通っている英会話教室の様子について話した。治療者は、英会話教室におけるAの体験を受容しながら、Aが毎週の英会話教室のように一方的に治療者に話しては帰ることを毎週繰り返していることを解釈した。しかし、Aが英会話教室のように精神療法を体験していることを真に実感することができたのは、かなり後になってからであった。Aは精神療法を、まさに週一の英会話教室として体験していたからである。週一の精神分析的精神療法の初期には、これまでの「週一」体験が精神療法や治療者に転移されることがある。それは「週一のリズムの転移」といえるかもしれない。

また、週一回の精神分析的精神療法のなかに患者がもちこむ内容は、精神分析に比べて、治療関係に由来する内容よりも患者の日常生活における現実関係や現実状況に由来する内容が増えるだろう。なぜなら患者は、日常生活の多くを精神療法の外で過ごすからである。治療者に対する転移は、日常生活における現実関係や現実状況のなかに混入し、転移が混入した日常生活の現実関係や現実状況が治療のなかに再びもち込まれる。それは日常生活のなかの転移といえるかも知れない。それは転移のメタフォァとしての「転移外転移 *extra-transference*」が増えることでもあるだろう。

症例Bは二十代前半の、外傷歴のある倒錯的な病理をもつ演技性パーソナリティ障害の女性である。初回セッションの終わりにBが前日にカミソリで前腕を自傷したことが明らかになった。傷口の出血はほぼ止まっていたが、傷口は開放状態で縫合が必要な状況であった。治療者の診療施設には縫合セットがなかったので治療者はすぐに他施設の外科を受診し縫合してもらうように伝えた。しかしその後、Bは外科を受診しなかったため、次週のセッションでBの傷口は縫合困難な状況になっていた。*3

Bとの週一回の精神分析的精神療法が開始された後、初回セッションの後に一週間放置されて縫合できなくなったBの傷口は、幼い頃のBの体験そのものであることや、週一回の精神療法において治療者に放置されるという転移のメタフォァであることを、Bは自覚していった。週一回の精神分析的精神療法のセッションの終わりには、翌週までの治療者との別れの力動が、翌週のセッションの始めには、前週からの治療者との分離の力動が形成される。週一回の精神分析的精神療法では、患者は一週間の治療者との分離と再会に対して、さまざまな転移や防衛を発動させる。それは「週一」のリズムにおける分離と再会をめぐる転移や防衛として現れるであろう。

以上のように、症例Aでは「週一」のリズムの転移に加えて、週一のリズムが転移外転移を増加させるという力動性について、症例Bでは一週間というリズムにおける分離と再会をめぐる力動性について、それぞれ示した。音楽において、リズムは背景に、メロディーは前景にあるだろう。多くの症例において、週一のリズムの力動は、全体としてみると背景的な力動といえる。本稿では、その背景的な力動にあえて光を当てているといえるだろう。

精神分析的精神療法における週一のリズムの力動性について

本項では精神分析的精神療法における「週一」のリズムの力動性について、症例を通じて例示したい。

症例Cは二十代半ばの独身女性である。Cは大学時代までは優秀でメンタルヘルス不調を来したことはなかったようだが、大学卒業後に事務職として勤務し始めた後、徐々に抑うつを呈するようになった。やがて仕事に支障が出るようになり、治療者が臨床をおこなう施設を訪れた。薬物療法と月単位の休養によって一応仕事に適応できるようになったが、約一年半後に抑うつが再燃した。Cは、他人に自分のことをわかってもらいたいという気持ちはあったが、実際にそのような体験をしたことはなかった。また抑うつの背後には、自分の気持ちをわかってもらえないときの怒りや、他者への依存をめぐる無意識的葛藤があるようであった。それらに対する治療者の解釈への情緒的反応などから、治療者との情緒的交流は可能であると思われた。

他施設の管理医による隔週の精神科診察における薬物療法を含むマネジメントに並行して、治療者が週一回五〇分の対面による精神分析的精神療法を開始することになった。管理医は心理検査の結果からCの抑うつの背後に発達障害があると評価した。しかし治療者は、Cのなかの自閉的部分を感じながらも非自閉的部分との交流の可能性を感じていた。

精神療法導入時のCの様子は次のようなものであった。治療者は当初週二回の精神療法を提案したが、現在のCの仕事の状況から、Cは週一回を希望した。セッションの曜日について、Cは週始めの月曜ではなく週末前の金曜のセッションを希望し、精神療法は金曜におこなわれることになった。導入時に金曜のセッションを希望する理由について、Cは特に述べなかったが、その後の精神療法過程においてCは、月曜よりも金曜を希望した理由について『なるべく仕事に影響を与えたくなかったからです』と、月曜のセッションが嫌だったことを初めて語った。Cは、精神療法のなかでいろいろなことを考えた後に仕事をするのが辛いと思っていたようであった。また、セッションの後にそのまま週末に入り休みたい、とCはみずからの気持ちを語った。

精神療法開始から約半年が過した頃、Cは管理医の診察の際に、一ヵ月後の通院日である第一週目の木曜が休診になることを診療所の掲示を見て知った。その翌日の治療者とのセッションで、治療者は翌月の第一週の金曜のセッションを休むことを伝えた。その際、治療者はCにその理由を特に伝えなかった。

月末最後のセッションの二週間後のセッションで、Cは時間どおりにやってきた。セッションが始まったとき、Cはどこか不機嫌そうであった。Cはみずからの不機嫌さについて気づいていないようであった。Cが語る内容は、不機嫌さとは結びつかなかったが、セッションが中盤を過ぎた頃、Cは前日の管理医の診察で管理医の休診理由が学会への参加であったことについて語った。治療者は前週の治療者の休みについて、Cの空想を尋ねた。Cは『たぶん先生も学会で休んだんですよね。違いますか』と述べた。治療者はそれを認めて、治療者がCのセッションよりも学会への参加を優先にしたことに対するCの怒りについて取り上げて、それがセッションの最初からCの態度のなかに表れていたことについて触れた。そのセッションの終わりにCは、みずから自覚していなかった気持ちを治療者にわかってもらったと体験して満足したようであった。

その後、Cや治療者の都合で金曜のセッションがないとき、Cは精神療法導入時に治療者が提案した月曜日に代替セッションを求めるようになった。それについてCは、『次回が二週後になるのが不安なので』と述べた。治療者は、Cにとって次回のセッションが二週間後になることは治療的でないと考えて、代替セッションが可能であるときには、Cの求めに応じて代替のセッションを提供した。Cは精神療法導入に抵抗を示した月曜のセッションを体験し、仕事にも適応していった。

以上の経過には、一週間のリズムに関連したCのさまざまな転移が表出されていると思われる。精神療法の導入において、週二回ではなく、週一回を希望したことや週一回についても週始めのセッションよりも週末直前のセッションを希望したことなどは、「週一回」の精神療法への転移といえるだろう。週一回の精神療法では、現実的な理由でセッションがなくなる場合には次回のセッションは二週間になる。精神療法の患者が治療関係のなかで分離や不在を体験することは、治療者の治療関与があれば治療的体験をもたらすであろう。しかし既に述べた傷口のメタフォア[*3]が示すように、患者の病態によっては、セッションが二週間後になることが無意識へと開いた患者の傷口を縫合することは困難になることもあるだろう。

Cとの精神療法過程において治療者はそれらを考慮して、Cに代替のセッションを提供することを選択した。このような治療者のアプローチは、治療関係における現実を踏まえて、さまざまな現実を提供したうえで探索を進めるというアプローチであり、精神分析を準拠枠にした支持的-探索的アプローチといえるだろう。パイン〔1998〕は『精神分析をできるだけ多く実践できるように、必要な限り精神療法をしなさい』と述べている。これに対して髙橋哲郎〔2007〕は『精神療法をできるだけ多く実践できるように、必要な限り精神分析をしなさい』と述べている。これは精神分析的精神療法、特に「週一回」の実践におけるひとつの方向性を示しているといえるだろう。

週一回の精神科一般外来診療の実践から

次に、長期にわたって予約制の「週一回」の頻度でおこなわれる精神分析を準拠枠にしておこなわれた、短時間の精神科診療の症例について紹介する。

症例Dは現在四十代前半の無職の独身男性で、広汎性発達障害、吃音症、軽度知的障害を有している。筆者は、Dが十代後半に感染性腸炎で入院したときに研修医としてDの治療を担当した。当時Dは、同障害のために精神科に通院中で、普段は町工場で軽作業をしながら定時制高校に通っていた。Dの両親はDと同じ精神科に通院していたが、Dが入院した際には必死にDを看病して、当時の筆者は、ともに障害をもつD親子のなかにどこか健康な親子の姿を感じていた。

筆者はDの入院中、Dと両親と毎日のように交流する機会をもった。その後、Dは退院し、筆者は精神科医になったが、長いあいだDと関わりをもつことはなかった。それから十年が過ぎたある日のこと、Dから筆者の勤務先に突然、電話が入った。以前の職場で筆者の勤務先を知ったようであった。Dは父親が身体疾患で突然死んだことを筆者に報告した。その後、筆者は、みずからが勤務する診療所でDと再会した。Dは精神科に通院しておらず、不安症状があるということであった。筆者はDの担当医としてDの診察を担当することになった。当初の通院は不定期であったが、父親の死から数年後に母親が身体疾患で他界した後、Dは被害妄想を発展させて不穏状態に陥り、社会に対する破壊的言動によって警察に逮捕された。

その後、筆者の治療的関わりのなかで、Dは十年以上にわたって養育手帳と障害年金の申請を継続して更新しながら、作業所における日々の軽作業に並行して、毎週一〇分程度の予約制の精神科外来に休むことなく通院している。長期にわたる「毎週」の診察は、Dにとっても筆者にとっても生活の一部といえるであろう。

提示した症例Dは、精神分析を準拠枠にしておこなわれる毎週一〇分程度の精神科一般外来に長期にわたって通院している症例であり、自我の生物学的欠陥があると思われる。これらの症例では、自我の欠陥を補うために力動的な支持が必要であるが、そのひとつは、長期にわたる治療関係を通じて患者の生活を支えることであろう。精神科一般外来における「毎週」の短時間の診療では、診療の内容よりも通院における毎週のリズム自体に支持的な意味があるといえるだろう。

週一回の精神分析的精神療法の力動的特性について

次に、週一回の精神分析的精神療法の力動的特性について述べる。既述のように、精神分析的精神療法における週一回という頻度は「毎週のリズム」を形成する。それは「治療者と患者が毎週同じ曜日の同じ時間に同じ場所で必ず会う」というリズムであり、ひとつの円環的な時間を形成する。そのような精神療法のリズムは、治療者にとっても患者にとっても日常生活の週リズムのなかに組み込まれて、互いの生活習慣のリズムを形成する。

生活習慣化の力動は、精神分析のひとつの要素であり、患者にとって体験する場や治療者という対象恒常性を維持し、患者のなかの過去や現在の生活習慣に関連するさまざまな記憶や体験を喚起させるであろう。精神療法における内的体験が患者のなかに内在化されるためには、少なくとも「毎週のリズム」が必要なのだろう。「毎週のリズム」は、精神分析的精神療法のなかで分析的作業を安定しておこなうために求められる必要最小限の支持的要素といえるだろう。患者が治療者に向ける中心的な転移自体は、治療頻度の影響よりも、患者の病理によって形成されるかも知れない。しかし「週一」の精神療法では、患者はその週の多くを治療者不在の状態で過ごすことになる。よって患者の転移は日常生活における現実のなかに混入することになり、患者が治療者への転移を自覚し、転移をワークする作業は、現実や現実関係に基づいておこなわれる傾向があるだろう。

週一回の精神分析的精神療法の力動的特性について、藤山〔2015〕は「週一回の精神分析的セラピーは、『精神分析らしく』進展しにくい」と述べている。さらに週一回の精神分析的セラピーの臨床的有用性をどう考えるかという問いに対して、次のふたつの方法を示している。ひとつは、事態が精神分析的になりにくいにもかかわらず、精神分析的な理解のもとに臨床事実を組織化し、精神分析的技法論の枠内でその有用性を意義づけするという方法で、もうひとつは、精神分析的になりにくいのであるから、それゆえ、精神分析的でない臨床事実のなかに有用性の根拠を探し、精神分析的な技法論とは独立して技法を探求するという方法である。日本精神分析学会は、これまで前者の方法を選択してきたという。

また藤山は、精神分析らしくなりにくい素材に対して精神分析的実践をすることの困難について言及し、入口としての週一回という理不尽について述べている。さらに、この理不尽を超えるために、供給と剥奪のバランスとして、週一回のセラピーは、毎日の精神分析の感覚からいえば、毎セッションが休暇前であり、休暇明けであるということと、外在化されるものの回収として治療外へ持ち出されてゆく治療内の体験を能動的に回収すること、精神分析らしい体験の内在化として治療者自身が身をもって精神分析らしさを体験して、こころのなかに内在化していること、の三点を挙げている。以上のような見解は、訓練分析を含む所定の精神分析の訓練を修了した精神分析家がおこなう国際基準の精神分析を基礎的設定として、週一回の精神分析的精神療法を捉えた場合の、ひとつの見解といえる。この立場に立てば、筆者も藤山の見解に大いに賛成できる。

「精神分析らしさ」と「精神療法らしさ」

筆者は前述の見解に加えて、さらなる視点を示したい。

そもそも「分析という純金に、直接暗示という銅を合金するような技法の修正や工夫をおこなわざるを得なくなるであろう」というフロイト〔1919〕の比喩は、純金に銅を混ぜることを示しているが、銅に純金を混ぜることを示してはいない。筆者の理解では、ここでフロイトが述べているのは、精神分析に精神療法を混ぜることの意義であり、精神療法に精神分析を混ぜることの意義ではない。前述の藤山の見解は、このフロイトの姿勢を基本的に踏襲しているだろうし、既述のパイン〔1998〕の臨床的姿勢は、精神分析からみた精神療法という視点に基づいているだろう。

精神分析の視点からすれば、精神療法は精神分析の応用のひとつである。「基礎は応用に先立つ」という考えに基づけば、精神分析の本質を基礎的設定として治療者が真に内在化していなければ、真の応用はできないだろう。換言すれば、精神分析的精神療法の臨床特性を精神分析的に真に活用するためには、精神分析の本質を体得している必要があるということである。このような見解は、精神分析の技法論と精神療法の実践の相違を理解したうえで、価値のある精神分析の「純金」をいかにして週一回の精神療法という実用的で幅広い人びとの手に届く「合金」にするかという見解でもある。しかしながらこれらの見解は、精神分析の「純金」を合金化する権利を有するのは精神分析家のみであるという印象を、一部の精神療法家や精神分析の初学者に与えるかも知れない。

筆者は前述の藤山の見解に賛成したうえで、次のように考えている。

精神分析家あるいは精神分析からみれば、精神分析的精神療法は確かに、精神分析の訓練によって精錬された精神分析の「純金」の合金化であり、精神分析の応用である。しかし力動的な出来事つまり無意識という「砂金」は、誰にでもそしてどこでも存在する。それはフロイト〔1901〕が「日常生活の精神病理」のなかで述べたことでもあるだろう。

筆者は、臨床実践としての精神分析と精神療法は連続性を有しながら、精神分析は「蓋を取る」のに対して精神療法では「蓋を付ける」など対極的な位置にあり、このふたつの臨床実践の理念は本質的に異なると考えている。その意味で精神療法には精神分析とは異なるひとつの独自性があるといえるだろう。このような見解は、藤山〔2015〕が述べる第二の方法を認める立場といえるかも知れない。筆者は、精神分析的精神療法は簡易精神分析 *brief psychoanalysis* ではないと考えている。

筆者がここで特に強調したいことは、精神療法家あるいは精神療法から精神分析的精神療法をみる視点である。本書の『週一回サイコセラピー序説——精神分析からの贈り物』というタイトルは、精神療法家あるいは精神療法からの視点を提示している。この視点からみると、週一回の精神分析的精神療法とは、日常生活や現実という大地のなかの「砂金」を探すような作業といえるかもしれない。「日常生活や現実に基づく」という点に週一回の精神療法の真の価値があり、そこに精神分析らしさとは異なる、ひとつの精神療法らしさがあるのではないだろうか。また精神分析との連続性において、精神療法における精神療法らしさを真に生かすことができるのは、逆説的ではあるが、そこに精神分析の本質があるからであろう。つまり、週一回の精神分析的精神療法で精神分析らしさを真に生かすならば、おのずとそれは精神療法らしくなるということである。

近年、週一回の精神分析的精神療法においてカウチや自由連想法を使用している発表が散見される。それらがすべて不適切とはいえないが、少なくともそのような臨床実践は、標準的な週一回の精神分析的精神療法ではなく精神療法らしさを真に生かした臨床実践とはいえないだろう。このような臨床を実践している臨床家のなかには、精神分析を学ぶ過程において精神療法を少しでも精神分析らしくしようとして精神分析の外形的な要素を模倣している場合が少なくように思われる。それは精神分析的精神療法というよりも精神分析様精神療法と称される臨床実践といえるかも知れない。

筆者の理解では、カウチや自由連想法を用いた週一回の精神分析的精神療法の実践は、精神分析の応用のさらなる応用である。筆者は、精神分析的精神療法のなかでも週一回の精神分析的精神療法は銅に純金を混ぜた合金であり、精神分析的に精神療法をおこなうことである、と考える。そのなかでも週一回の精神分析的精神療法の実践では、「週一回」という精神療法の「リズム」の特性を最大限に生かすことが重要であろう。

おわりに

本稿において筆者は、週一回の精神分析的精神療法の「リズム性」とそれに起因するさまざまな転移について述べた。

週一回の精神分析的精神療法に対する見解は、精神分析家や精神分析的精神療法家のなかでも一様ではないだろう。筆者の立場は、精神分析と精神療法を本質的に異なる実践としたうえでそれらの連続体として精神分析的精神療法を捉える立場である。すでに使用した音楽の比喩を用いれば、音楽にはリズムとメロディーという要素の他に、ハーモニーという第三の要素がある。精神分析的精神療法を音楽に喩えれば、精神分析と精神療法のハーモニーが重要であるといえるだろう。髙橋哲郎〔2007〕は「精神分析的精神療法は、分析的な方向付けのなかで治療には最も役に立つやり方です。だからそれに誇りをもって、その専門家になって欲しいのです」と、精神分析とは異なる精神分析的精神療法の独自性を示している。筆者もこの考えに賛成である。

本稿は、二〇一六年七月十八日にコープイン京都でおこなわれた《日本語臨床フォーラム・コンベンション二〇一六》で発表した内容を加筆修正したものである。《日本語臨床フォーラム》の最終回という貴重な機会に発表の機会を与えて下さった北山修先生にこころより感謝いたします。

＊1　ユダヤ教では神の天地創造の七日目となる安息日は土曜日であるが、キリスト教ではキリストが復活した日曜日を主日として礼拝をおこなう。

＊2　日本では一九九二年以降に学校で週休二日制が導入され、二〇〇二年以降に公立学校で完全週休二日制が導入された。現在、週休二日制を導入している職場は少なくない。平日の昼間に通院することが難しい患者層に対して土曜に心理臨床をおこなっている臨床医家は少なくないだろう。

＊3　皮膚の傷を縫合した後の抜糸の時期は特にトラブルがなければ通常は一週間後である。一週間とは、皮膚の傷が生物学的に接着するまでの期間であり、医師が患者の傷口の治癒状況を確認する目安となる期間である。これは精神分析的精神療法のメタフォァとして理解することもできるだろう。つまり患者の意識を切開して無意識に触れる作業（蓋を取る作業）の後に切開した部位を縫合する作業（蓋を付ける作業）がおこなわれるわけであるが、一週間以上の間隔を空けてそれらの作業をおこなうことは患者の病態水準によっては難しいであろう。そのため精神分析的精神療法を行うためには少なくとも週一回の頻度が必要なのかも知れない。

Freud, S.（1901）The Psychopathology of Everyday Life. SE–7. 池見酉次郎・高橋義孝訳（1970）「日常生活の精神病理学」『フロイト著作集』（4）人文書院.

Freud, S.（1919）Lines of Advance in Psychoanalytic Theory. SE–12. 小此木啓吾訳（1983）「精神分析療法の道」『フロイト著作集』（9）人文書院.

藤山直樹（2015）「週1回の精神分析的セラピー再考」精神分析研究 59（3）, 261–268.

Menninger, K.（1959）*Theory of Psychoanalytic Technique*. New York. 小此木啓吾・岩崎徹也訳（1965）『精神分析技法論』岩崎学術出版社.

小此木啓吾（1964）『精神療法の理論と実際』医学書院.

Pine, F.（1998）*Diversity and Direction in Psychoanalytic Technique*. Yale University Press. 髙橋哲郎（2007）『精神分析的精神療法セミナー――発見・検討・洞察の徹底演習（技法編）』金剛出版.

第二章

週一回精神分析的サイコセラピー——その特徴と限界

平井　正三

精神分析的サイコセラピーの目標とその特徴

精神分析的サイコセラピーは何を目的とする治療アプローチなのであろうか？　この問いに対する答えは、時代や学派により異なるように一見みえる。しかしながら、昨今、発達研究やアタッチメント研究などを援用しながら、より学派横断的な視点で精神分析的サイコセラピーに共通の治療の方向性を探る動きのなかで、このアプローチの目標が内省活動の活性化であることが明らかになりつつあるようにみえる〔Fonagy et al. 2004〕。これは、伝統的な精神分析の言い方で言えば、精神分析の目標は自己分析の自律的発展の基盤を作っていくことであると言えよう。

こうした精神分析実践の見方は、治療としての精神分析的サイコセラピーのほかのアプローチにみられない特徴として、治療終了後にも数年にわたって持続的に症状指標の改善が見られるといういわゆる遅延効果 *sleeper effect* が挙げられることが、実証研究においても確証されているように思われる〔Midgley 2009〕。極論すれば、認知行動療法ではどのような考え方が好ましくなく、どのような考え方が好ましいかを教えられる、すなわち問題の克服の仕方を教えてもらうのに対して、精神分析的サイコセラピーでは、クライアントはセラピストの助けを借りて自分で問題を解決するやり方を学んでいくと言える。つまり、精神分析的サイコセラピーでは、学び方を学ぶことが目標であり、ゆえに認知行動療法のように一定の考えを学ぶやり方に比べ時間がかかると言ってよいだろう。

さて、精神分析は内省することを学んでいくことが目標になると述べてきたが、ここに精神分析的サイコセラピーの治療関係のふたつの特徴を見て取れる。ひとつは、それは「内省活動の自律的発展を目指す協働関係」であるという特徴であり、もうひとつは「学ぶ関係に内包される依存関係」という特徴である。

精神分析は対話の営みである——大人の協働関係

「考えること」はどのようにして生成されていくのか、については歴史的にさまざまな立場が表明されてきている。しかし、人の認知発達は「関係性」を通じて起こるという視点が、発達心理学の領域では主流を占めつつあるように見える。

このような視点は、他者との言語的なやり取りが内側に移されたものが思考の起源であるとする、ロシアの発達心理学者のヴィゴツキー〔1934〕の外言から内言説にすでにみられたものである。その後、言語の発達自体が養育者とのやりとりに基づくという点で、前言語的な象徴的思考も他者との関係性を通じて生起すると考えられるようになっている。スコットランドの発達心理学者のトレヴァーセンは、生後二ヵ月の赤ん坊と母親とのあいだに会話様のやりとりが生じることを明らかにし、それを会話のプロトタイプとして原会話 *proto-conversation* と呼んだ〔Trevarthen 1996〕。このように、前言語的なやりとりも「会話」と呼ぶ意味で、考えることは本質的に〝対話〟であると言ってよいだろう。私たちの内省的思考をよく吟味してみると、必ずこうした対話的側面をもっていることがわかる。さらに、吟味してみると、単に二つの「声」だけでなく、場合によってはさまざまな「声」もしくは「視点」で〝対話〟していることに気づかされる。文芸思想家のバフチン〔1963〕がポリフォニーと呼んだこうした認識は、精神分析家においては、ビオンが展開していった。

ビオンは、早期の母子交流を通じて人は考える力を育むと論じた〔Bion 1962〕。彼によれば、赤ん坊はいまだ自分では考えられない生の感情を母親に投げ入れる。母親はそうした赤ん坊の感情を受け止め考えていき、赤ん坊が受け入れられるかたちで返していく。こうしたやりとりを繰り返すなかで、次第に赤ん坊のなかに、このやりとりが起こるようになり、自分で考えられるようになる。

このように、人は当初、前言語的やり取りをしていくことを通じて考える力を育んでいくとビオンは捉えたわけであるが、晩年、彼はその考えをさらに推し進め、バフチンと同じく、人は自分のなかにあるさまざまな視点の「終わりのない対話」を通じて考えていくという見方を提示した〔Bion 1991〕。

さて、精神分析状況の話に戻ってみると、精神分析的サイコセラピーは、まさしくクライアントが、自分自身について、セラピストと対話しながら考えていく営みであると言ってよいだろう。こうした対話の経験が治療終了後もクライアントのこころのなかに維持されていくことが、精神分析の目標であると考えてよい。その場合に、このような対話もしくはポリフォニーが、実りあるものである必要がある。すなわち、最終的にクライアントを苦しめる問題を克服もしくは解決することにつながっていく必要がある。

こうしたことが起こるための必須条件として、ふたつのことを挙げたい。ひとつは、これは一方的にセラピストが真実を知っており、クライアントはそれを教えてもらう関係ではなく、まったく対等な関係のなかで協働して「問題」に取り組む関係であること、である。もうひとつは、対話の基盤は、クライアントとセラピストどちらもが共有する事実に基づく必要があることである。こうした条件が整って初めて、同じ事実に対して、互いに融合しないふたつの異なる視点を突き合わせることができ〔Bakhtin 1963〕、実りある対話的思考が可能になると思われる。

その場合、治療関係にある二人が共有する唯一の事実は、治療関係そのもの、特に〈今ここ〉での〝関係性〟である。このようなわけで、精神分析的サイコセラピーの対話の焦点は〈今ここ〉での治療関係となる。これを言い換えれば、「精神分析の営みは、転移（クライアントの視点）と逆転移（セラピストの視点）について考え話し合っていくものである」ということである。

精神分析は学ぶ関係である――母子の依存関係

精神分析の関係のもうひとつ重要な特徴は、それが内省活動を学ぶ関係であるということである。その点で、それは依存関係であり、その原型は母子（養育）関係にある。

メルツァー〔Meltzer 1967〕は精神分析過程を、クライアントが内省機能をもつ対象と出会い、それを内在化していく過程として描いた。彼によれば、その具象的なイメージとしては、乳房対象との出会い、哺乳経験をして、最終的には別れていく、断乳を経て内在化される過程として捉えられる。つまり、哺乳という乳児経験が学びの経験の原型であり、精神分析の過程の本質はそこにあるという認識である。断乳で一区切りをつける、養育関係は、子どもがその関係を通じて自分で成長していける力を培うこと、つまり経験から学ぶ力を培うことを目標としていると理解できる。それと同じように精神分析の関係は、最終的には終結する関係であるが、その過程を通じて、クライアントが経験から学ぶことを学ぶこと、つまり事実（経験）に基づき、そこから対話的思考を通じて考えていけることを学んでいける力を培うことを目指すのである。

高頻度の精神分析と週一回の精神分析的サイコセラピー

さて、ここまで精神分析的サイコセラピーの治療関係のふたつの特徴を見てきた。ここで、通常精神分析と呼ばれるものは週四回以上の実践を指すのに対して、本書で検討していくのは週一回のセラピーであることを確認しておきたい。

精神分析の大半の文献は、実のところ週四回以上の実践での臨床研究に基づいている。そこで、藤山〔2015〕が指摘しているように、こうした高頻度の臨床実践での研究から導かれた知見がどの程度、わが国での主要な実践形態である週一回の低頻度の臨床に適用できるのかが、重要な問いになってくる。本書は、この問いへの答えの試みであり、本章はそのひとつである。

私の考えの詳細は本章後半に述べていくことにして、ここではこれまでの議論から次の二点を指摘しておきたい。ひとつは、対話の基盤になる「共有する事実／現実」が量的に異なってくる点である。週四回以上会う場合と、週一回会う場合とでは、クライアントとセラピストとが共に過ごす時間、やりとりの濃密さなどにより、両者が共有する現実は量だけではなく質的にも異なってくると考えてよいだろう。

ふたつ目に、頻度の問題は、クライアントがどれだけ、分析状況にエネルギーを注ぎこむか、コミットするか、の問題と密接に関わってくる。精神分析的アプローチはしばしば、パーソナリティの構造的変化を目指すと言われるが、それは何に価値を置くかということをめぐる改革であるとみなすこともできる。週五回、分析に通い続けるということは、生活全体を分析中心に営んでいくことを意味する。つまり、その人の生き方や、こころの働きの「下部構造」が〝対話〟と〝内省〟活動主体になっていく方向に動いているのである。

ここで思い起こしたいのは、精神分析的サイコセラピーの最大の治癒要因はその継続性であると調査研究が示している〔Midgley 2009〕ことである。

精神分析的サイコセラピーの治療作用論

精神分析はどのようにして治療的でありうるのだろうか？　この問いに対する答えの試みとして、歴史的に最重要の論文のひとつに挙げられるのは。一九三四年のストレイチーの「治療作用の性質」論文〔Strachey 1934〕であると言ってよいだろう。

この論文のなかでストレイチーは、治療作用は以下のように起こると論じた。すなわち、「クライアントのこころの問題は懲罰的な超自我に集約される。そして、そうした懲罰的な超自我はセラピストに投影され、転移を形成する。セラピストは、クライアントの言動について価値判断をしない補助超自我としてふるまうように努めるなかで、この懲罰的な超自我転移が今ここでの治療関係のなかで起こっているさまをクライアントに指摘する。すなわち今ここでの転移解釈をする。クライアントは、セラピストを歪んだ目で見ていたことに気づき、懲罰的ではなく、ありのままを見ていける対象を取り入れていく」というものである。そして、ストレイチーは、こうした変化を起こす解釈を〈変容惹起性解釈 *mutative interpretation*〉と呼んだ。それには、ふたつのステップに分かれる治療作用が含まれる。

ステップ1――クライアントが分析家をどう見ているかに気づくこと
ステップ2――クライアントが、分析家が実際にどうであるかに気づき、自分の見方を修正すること。

ストレイチーは、このような〈変容惹起性解釈〉は「今ここ」での特異的な *specific* 解釈である必要があると述べている。さらに、実際の分析臨床においては変容惹起性の解釈は稀で、むしろ治療関係外の人間関係に関する心理学的な理解を伝える、〈転移外解釈〉と呼ばれる解釈が大半で、それが〈変容惹起性解釈〉の下地を作っていくと示唆している。また、〈変容惹起性解釈〉はそれをする分析家の逆転移抵抗を引き起こすことを指摘している。

このストレイチーの見解は、その後のクライン派の対象関係の流れのなかで中核的な治療論となっていったが、いくつかの大きな修正が付け加えられた。その焦点は、ストレイチーの考えでは、心理学的問題の焦点は超自我、すなわち内的対象の問題であったが、その後、自己の問題がより重篤な病理において重要な役割を果たすと認識されてきた。ゆえに、精神分析治療においては、対象だけでなく自己についての見方に気づき修正すること（つまり分裂と投影同一化を扱うこと）が肝要であると考えられるようになってきている〔Segal 1962 ; Rosenfeld 1972〕。

現代クライン派の分析家のロス〔Roth 2004〕は転移解釈を次の四つのレベルに分類している。

① 転移外解釈
② 非特異的転移解釈
③ 今ここでの特異的転移解釈
④ 逆転移を含み込んだ（つまり実演の）理解に基づいた、今ここでの特異的転移解釈

ロスは、これら四つのレベルの転移解釈が実際の高頻度の精神分析セッションのなかでどのように用いられているか例証している。彼女は一週間のセッションを詳細に示しているが、解釈のレベルは、レベル①から順にだんだんとレベル③や④の解釈に至っているように見える。しかし、彼女の示した臨床素材をもう少し詳しく見ていくと、実は

この過程の始まりは、クライアントの「料金不払い」に対して分析家が毅然とした態度（行為）をとったところにあることがわかる。毅然とした態度をとれたのは、分析家が、逆転移の吟味、すなわち自分自身がクライアントと自分をどう見ているか、そしてそれが実際と合っているのかどうか、の吟味したことが大きいように見える。つまり、分析家自身が先に述べた〈変容惹起性解釈〉のステップ1とステップ2を自分自身でおこなっていたと考えられる。これは、分析家の内省が、クライアントの内省過程のさらなる深化の端緒となっていることを示唆している。このようにみていくと、分析過程は〝相互内省〟がその本質であることがわかる。

さらに、ストレイチーとロスの議論で注目すべきなのは、内省活動の肝は「特異的であること」、つまりぼんやりとした一般論ではなく、料金の不払いや、セッションでの具体的なやりとりなど、ピンポイントの振る舞いと関係づけられている必要があるという点である。人間は一般的に「総論賛成、各論反対」という側面があり、総論的な話は受け入れやすいが実際の変化を生み出すことはなく、実際の変化を強いられることには頑強に反対するのが常であることは、変化を生み出すような内省活動、すなわち経験から学ぶことを目指す精神分析の営みにおいては常に注意を払っておく必要があると言えるであろう。

大雑把に言えば、ストレイチーの描く「変容」過程は、話し合いを通じて、それまで自分が抱いていた「見方」と別の見方を取り入れていくということであるが、これが一般に難しいのはよく知られている。その際、常に問題になりうるのは、「総論賛成、各論反対」という人間の一側面である。

最後に、ここまで述べてきたのは週四回・五回の精神分析実践のなかで培われた治療作用論であることについて注意を向けたい。この議論がどの程度、週一回の精神分析的心理療法で成り立つのであろうか？　この点に関しては、大雑把に言うと、米国では週一回の実践は「合金」であり、支持的なやり方など非分析的な介入が必要という認識が一般的であるのに対して、英国では、本質的には変わりがないという考えが優勢であるようにみえる〔例えば Taylor 2015〕。この点を詳細に見ていくために、次に、週一回の精神分析的サイコセラピーの事例の終結へと向かう一局面をとりあげていく。

週一回の精神分析的サイコセラピーの事例から

四十歳代のAさんは、うつ症状を主訴に精神分析的サイコセラピーを求めてやって来た。Aさんは慢性的な無気力状態にあり、何か活動をしてもすぐに彼が「ガス欠」と呼ぶ状態に陥り何もできなくなるのであった。精神科による薬物療法と並行して始めたセラピーの進展は、非常にゆっくりとしたものであった。彼は毎回セッションにやって来ると、その週に起こった出来事や感じたことを丁寧に私に説明してくれた。私は「セラピストは何もせず、彼が一人でやっていかなければならないと感じている」という転移解釈（ロスの言うレベル②）をしたが、大きな変化は生まれなかった。

Aさんの両親は共働きで、子どものときの彼は留守番をしていることが多かったのだが、そのときのエピソードがセラピーのなかで重要な位置づけをもっていった。それは「あるとき彼が留守番をしていてトイレで排便していると、寄生虫が出てきた。驚いた彼がトイレで泣いているところを隣のおばさんに助けられる。帰って来た母親は、彼のことを気遣うのではなく、隣のおばさんに話し続けた」というものであった。

当初セラピーのなかでAさんは、母親に関しては肯定的なことしか語らなかったのであるが、次第に、母親に手をつないでもらったり、抱っこをしてもらったりした記憶がないことに気づいていった。彼は自分の母親が愛情深い母親だと思ってきたのであり、私が彼に母親への怒りの感情を指摘しても（レベル①）ピンとこないと言うのみであった。

四十歳の半ば過ぎになっても独身のAさんは結婚相手の女性探しに明け暮れるようになった。しかし、いつも彼は自分が相手にサービスばかりしていることに気づき、関係は長続きしなかった。彼が「セラピストにサービスばかりしている」と感じていることは明らかであった。彼は長いあいだセラピーに通ってもどこか裸の自分を見せることができずにいることに気づき始め、それは「パンツを下ろせない」状況として、私とのあいだで共有した。彼は毎回多弁に話し続けたが、『うつ症状は一向に改善しない』と次第に文句を言うようになった。『精神分析は面白いが、うつは治らない』が彼の決め台詞になっていった。

こうした時期のある冬のセッションで、彼は毎回長い距離を歩いてきて体が熱くなっているので待合室の電気ヒーターを消しておくようにと私に言った。私はそれをするともしないとも言わなかったが、その次のセッションに私が消しておかなかったことに彼は激怒した。さらに数週間後、いつものように「うつ状態が良くなっていない」と彼が不平を言っているところで、私が口を挟もうとすると、彼は『黙って聞け！　俺はつらいんだよ』と大声で怒鳴った。私は、自分が彼がそのとき伝えようとしていることよりも自分の考えを優先させていることに気づき、『私があなたの苦しい状態に目を向けようとせず自分の関心ばかりにとらわれている人に思えているのではないかと思います』（レベル③と④の解釈）と彼に伝えた。すると彼は『そのとおりだよ！』と言い放った。

これらのセッションののち、Aさんは後進の指導に熱意を傾けるようになった。そして徐々にガス欠状態にならなくなっていった。そのころ、部下に配属されたXさんという若い女性を、彼は熱心に指導するようになった。Xさんは聡明で「打てば響くよう」であり、Aさんの言うとおりにするわけでなく、自分の考えを主張するところがあること、そしてその主張にハッとさせられるときがあることが、Aさんは気に入っているようであった。Xさんは結婚予定の男性がおり、近々異動の予定が決まった頃の休み明けのセッションで、Aさんは次の夢を報告した［夢①］。この頃には薬物療法は終了していた。

Aさんは、故郷の町におり、宴会の準備をしている。石段の下の建物のなかに入っていく。なかは暗く、人がたくさんいる。何かを注文しようと、広告の紙の裏に注文を書くが紙が沢山あるので紛れてしまうのではないかと思う。そのときXさんが出てきたように思うが、よくわからない。女物の上着がハンガーにかかっている。匂いを嗅ぐと香水の匂いがする。玄関にたくさんの靴があり、自分の靴はなく誰かが履いて行ってしまったようである。

この夢に対してAさんは、広告の紙は留守番のときに絵を描いていたこと、また夢に現れた石段の上には神社があり、桜の木が生えていたことを思い出した。私は、この夢の不安の焦点は「自分は他の子どもに紛れてしまい、対象は自分のことを忘れてしまうのではないか」というもののように思った。それは、寄生虫事件での母親、そして転移対象である私に対する彼の気持ちが表現されていると私は理解した。

神社と桜の木は、仰ぎ見る母性的対象（神社と桜の木のつながりは母性と父性の結合対象〔Meltzer 1973〕を表すとも言える）、すなわち乳児的対象関係の中核にある乳房対象とみることができるが、彼は宴会の準備（「サービス」）のため下の建物のなかに入り、「注文」をする。依存対象は、店員や受付に貶められている。そして女性（対象）は、服、そして匂いといった感覚の断片に解体される。夢①は、Aさんがセラピーの経験のなかで彼に関心を向けてくれる乳房対象に魅了され、活気を得つつあるが、同時にそのような対象を保持することの難しさを示すと思われた。その一因は、面接室をプライベートな空間というよりも、たくさんの人のいる講義室のように感じていることがあるかもしれないと私は考えた（ステップ①の理解）。彼は多くの場合、セッションでは、作ったような話しぶりであった。

次のセッションにやって来ると、Aさんは、スーパーを訪れた際のレジ店員の対応のいい加減さを、怒りを込めて話した。私は、彼はセッションで、私の「宴会」の準備のための「サービス」をしていると感じ、私を無能な「店員」と感じていると理解した（ステップ①の理解）。彼は、休みのあいだに異物のようなものに苦しめられている自分に私がまるで注意を向けていないことに腹を立てていると私は理解した（ステップ①の理解）。

その頃のセッションで彼はふたつの夢を報告した。

そのひとつ［夢②］のなかで「彼は旅館に母と滞在しており、母と歩いているが母はいつの間にかいなくなる。大浴場に裸になり入る。そこはガラス張りで、向う側は受付のようになっており、女性がおり、こちらが見えるようになっている」。

ふたつ目の夢［夢③］では「彼は、X町のスーパーにいる。古い同級生のZ君がいるが、お腹が出ているのに腰がくびれ、胸が出ている。出会ったが、誰かすぐに思い出せなかった」。

夢③に関して、彼は、Z君が部下と結婚したことを思い出した。私は、X町は、Xさんと関連しており、夢は、Xさんへの思いと、彼女と別れなければならないことに直面していることと関わるように思われると話した（レベル①、背景にレベル②の理解）。

それからの数セッション、Aさんはやって来ると、激しく嗚咽して泣いた。しかし、彼はなぜ自分がこんなに泣いているかわからないと言った。彼は、姉が母親の介護を献身的にしていることにこころを打たれていると話した。そして、自分はそうしたことを大切にしてこなかったと述べた。

私は、Aさんは、セラピーにおいても、私の母親的なところ、つまり彼に注意を向け考えていこうとするところを軽くとらえ、その価値を認めたり、自分が本当に感じていることを大切にしてこなかったりしてきたと感じているのかもしれない（レベル②。レベル③と④の含み）と述べた。その後、Aさんは、人に対して厳しく見る面を認め、セラピストやセラピーにより暖かい気持ちをもっていることを認めるようになっていった。

週一回の精神分析的サイコセラピーの特徴と限界——事例の考察を通じて

ここでは、これまで述べてきたAさんの事例を参照しながら、週一回の精神分析的サイコセラピーの特徴と限界についてみていきたい。

総論から各論への急激な移行

Aさんの事例では、「セラピストは何もしてくれず、彼ばかりサービスをしている」という、レベル②の「一般論（総論）」の転移解釈・理解はセラピー初期ではほとんど変化を引き起こすことはなかったが、電気ヒーターの出来事、そして発言を遮られる怒りのエピソードで急激に、具体的な問題（各論）になり、Aさんは激しい怒りを表出した。

このように、週一回のセラピーではしばしば、筆者（平井 2011）がかつて「（象徴から非象徴への）位相転換」現象と呼んだ、象徴的な表現形態から非象徴的で具象的な表現形態に突如として移行する局面が起こりがちである。一般的に、高頻度の分析実践と比べ、低頻度の週一回の心理療法において、「治療作用」の核心部分である「総論から各論」への移行は、急激かつ唐突に起こりやすい。それは転移と逆転移上の大きな問題を引き起こし、セラピーの枠もしくは「器 *container*」を壊してしまいやすい。つまり中断の危機が訪れやすい。

解釈活動は限定的である——理解に用いるが解釈はしない場合も

Aさんの夢はたいへん示唆的であり、転移（そして逆転移と実演）の詳細を示唆している。私はそのように理解していたが、実際に解釈したのはそのごく一部である。あとは、その後の治療関係をみていく枠組み、指針として用いるに留まっている。例えば、「裸でお風呂に入る」夢〔夢②〕とその後のセッションでの嗚咽とが関連していると私は理解した（レベル③の理解）が解釈しなかった。さらに、「寄生虫エピソード」や「ガラスの向こうの受付女性」〔夢②〕などは、私がAさんの嗚咽にどう反応しているか、私自身の逆転移をモニターする際の準拠枠に用いる（レベル④の理解）に留めた。

本章の冒頭で述べたように、精神分析の治療作用の根幹は、今ここでの治療関係のなかで起こっているクライアントの心理学的な問題のエッセンスをとらえ、それについてクライアントと話し合っていく、〝相互内省〟活動であり、レベル③と④の理解と解釈である。しかし、週一回の実践では、セラピストはレベル③と④の理解をもっていてもそれらをすべて解釈する余裕もないし、適切でもないかもしれない。むしろ、その理解を、逆転移のモニター、治療関係で起こっていることの評価、そして介入の方向性を判断することに用いる。

つまり、週一回の実践では、分析固有の「リアルタイムで起こっていることを振り返り、話し合う（相互内省活動）」側面は弱くなり、行為*play*の側面が強くなる傾向がある。

外的人物の重要性

Aさんとの心理療法においてXさんとの関係は、「打てば響くような」女性、すなわち乳児期の母親との関係を再体験している側面があるように見える。これは、その時点での転移の新しい側面として理解できるが、実際にはあまりとりあげなかった。

このように、週一回の実践では、外的人物がしばしば治療的展開において重要な役割を果たす。しかし、その扱いは慎重である必要がある。週一回の関係においてセラピストがクライアントにとって常に最重要な転移対象とは限らない。外的人物がクライアントの重要な転移を担っている側面を否定しては、週一回の実践は立ち行かないかもしれない。逆に、外的人物への言及のなかに含まれる、セラピストへの転移的側面を見逃すのも問題である場合もある。週一回の実践では、この点での細かい見極めが肝要になってくる。

母子依存関係より大人の協働関係の側面が強い傾向

Aさんの心理療法では、長い過程のなかで、夢②で表されているように、「仰ぎ見る」神社―桜の木という表現をとった結合両親対象という乳児的転移が鮮明に現れた。「両性具有者」のZ君〔夢③〕もそのような対象とみなせ、これらは人生の原点となる対話相手である乳房対象への情念 *passion* をAさんが再発見していることを示す。このような乳児水準で、「話し合うこと」、「打てば響く」対象を再発見することは、一般的に週一回の実践では起こりにくい。むしろ、週一回での実践では、こうした依存関係よりも、大人の協働関係の側面が前面に立ち、前者は比較的水面下での過程に留まる方が、有益であることが多いように思う。

乳児的転移、すなわち乳房対象に関する分析作業は、内省活動の動機的側面を扱っている。つまり、経験から学ぶことを生涯おこない続ける動機と関わっているという点で、「遅延効果 *sleeper effect*」と密接に関わると考えられる。このことから、依存関係の深化に基づくこうした乳児的転移を扱うことが難しく、大人の協働関係が主軸になりがちな、週一回の実践は、遅延効果が比較的弱いかもしれないことを示唆される。

まとめ

週一回の実践の治療作用過程は、高頻度の実践と本質的には変わらないと考えるが、以下の点で異なる。

・総論から各論への急激な移行（「位相転換」）が起こりやすく、治療的展開時に治療関係が不安定になりがちである。
・解釈活動は限定的であり、理解には用いるが解釈しない場合もある。
・外的人物が重要な転移対象となることがあり、治療外での治療過程の進行を一定認める必要がある。

・依存的関係よりも、協働関係を重視することが実り多いかもしれない。

総じて言えることは、週一回の精神分析的サイコセラピー実践には、高度な精神分析的感性と判断力が必要に思われることである。

その治療過程の本質は、高頻度と異ならないが、精神分析に特徴的な自己言及的側面、つまりそれが言語化される側面は弱い。外的人物の果たす役割が大きい場合も多く、また内省の動機的側面が扱いにくいし得策でもない場合があり、いわゆる乳児的転移を扱いにくいし扱う必要のないことも多い。

つまり、精神分析固有の治療のメリットの重要な点が弱められる傾向があるかもしれない。その理由は、やはり「量」の問題、そしてその背景になる治療へのコミットの問題が大きいかもしれない。さらに言えば、治療外の人間関係の果たす役割が大きいことや依存関係よりも協働関係が重要になることから、クライアントに一定の力がないと成果を上げにくい傾向にあると見てよいだろう。

重篤な病理をもっており、協働関係の基盤そのもの、乳児的対象関係に深刻な問題を有しているクライアントには頻度の高いセラピーが望ましいと考えられ、こうした週一セラピーの限界を現実的に見極めることも大切であろう。

Bahktin, M.（1963）望月哲男・鈴木淳一訳（1995）『ドストエフスキーの詩学』ちくま学芸文庫.

Bion, W.（1962）*Learning from Experience*. Heinemann. 福本修訳（1999）「経験から学ぶこと」『精神分析の方法』（Ⅰ）法政大学出版.

Bion, W.（1991）*A Memoir of the Future*. Karnac Books.
Fonagy, P., Gergely, G., Jurist, E. & Target, M.（2004）*Affect Regulation, Mentalization, and the Development of the Self*. Other Press.
藤山直樹（2015）「週1回の精神分析的セラピー再考」精神分析研究 59(3), 261–268.
平井正三（2011）『精神分析的心理療法と象徴化——コンテインメントをめぐる臨床思考』岩崎学術出版社.
Meltzer, D.（1967）*The Psycho-Analytical Process*. Clunie Press. 松木邦裕監訳・飛谷渉訳（2010）『精神分析過程』金剛出版.
Meltzer, D.（1973）*Sexual States of Mind*.Clunie Press. 古賀靖彦・松木邦裕監訳『こころの性愛状態』金剛出版.
Midgley, N.（2009）Research in child and adolescent psychotherapy: an overview. In Lanyado, M. & Horn, A.（eds）*The Handbook of Child and Adolescent Psychotherapy: Psychoanalytic Approach*. Routledge. 谷口弘恵訳「児童青年心理療法における調査研究：概観」平井正三・脇谷順子・鵜飼奈津子監訳／NPO法人子どもの心理療法訳（2013）『児童青年心理療法ハンドブック』創元社.
Segal, H.（1962）The curative factors in psycho-analysis, International Journal of Psycho-Analysis 43, 212–217.
Rosenfeld, H.（1972）A critical appreciation of James Strachey's paper on the nature of the therapeutic action of psychoanalysis, International Journal of Psycho-Analysis 53, 455–461.
Roth, P.（2004）Mapping the landscape: levels of transference interpretation. In Hargreaves&Varhevker（Eds）*In Persuit of Psychic Change*: Betty Joseph Workshop. Routledge.
Strachey, J.（1934）The nature of the therapeutic action of psycho-analysis, International Journal of Psycho-Analysis 15, 127–159.
Taylor, D.（2015）Treatment manuals and the advancement of psychoanalytic knowledge: The Treatment Manual of the Tavistock Adult Depression Study, International Journal of Psycho-Analysis 96, 845–875.
Trevarthan, C., Aitken, K., Papoudi, D. & Robarts, J.（1996）*Children with Autism: Diagnosis and Interventions to Meet Their Needs*. Jessica Kingsley
中野茂・伊藤良子・近藤清美監訳（2005）『自閉症の子どもたち』ミネルヴァ書房.
Vygotsky, L.（1934）柴田義松訳（2001）『思考と言語』新読社.

第三章　短期療法の視点から見た頻度

――週一回の長期力動療法との対比

妙木　浩之

はじめに

短期の心理療法の発展は、まず病んでいて困った人たちがたくさんいて、その困った人たちに対応する方法として公的なガイダンスや相談業務をおこなう人たちが生み出してきた。精神分析のように理論的な探求が先になって転移の発見を通してある種の進歩がもたらされるというよりも、例えば時間制限療法のジェームス・マンの場合、ボストン大学の外来に溢れかえる患者たちに比べて、担当できる精神科医があまりに少なくて精神分析では現実的ではないので、時間制限というかたちで精神療法を開発する必要があった〔Mann 1980〕。

そうやってマンの短期の時間制限心理療法は開発された。必要は発明の母なのである。言い換えれば、この実践は理想型や概念で生み出されるものではなく、現場の需給関係が先だと言える。需要があり、デマンドプルのかたちで、生産性向上のために技術開発がなされる。この点は、フロイトと同時代のフェレンチィらが『精神分析の発展』〔1925〕で志したところだが、需要側だけではなく供給側の事情もあるので、理想や理念で技法の開発改革はおこなわれない。[*1]考えてみれば、フロイトが寝椅子を使ったのも寝椅子機能を考えたからではなく、それまでの催眠療法で使っていた設定だったからで、自由連想は夢分析を寝椅子に応用する必要があって寝椅子＋連想となっただけだ。技法の最終形態は、需給関係の押し引きの結果である。

必要に迫られないとこれまでの設定〔制度や構造〕を覆しはしない。つまり必要性、現実の日常性の需給関係が優先される。海外がこうだから日本もというわけにはいかず、よほど社会的な需要がなければ、微妙な改変が現実的で、歴史を振り返れば、日本でもほとんどの事例でそうだった〔日本には古くからあるパターンとして留学病というのがあって、特に明治期の海外留学生たちが特徴的だが、理想はとりあえず「病気」なので表層モデルとして使うが、現実には海外でおこなわれているものを取り入れてもたいていはうまくいかないので、和魂洋才化されて、多重な現場の多層文化のなかに組み込む、紀元節以来、長いあいだそうだった）〔平川 2016〕。そのため短期療法という特別な技法の移入は、パテントをもって資格をもたないとできないような技術としては日本に導入されてこなかったので、いろいろな技法が渾然一体となっている（実際、海外でも期限設定、短期、ブリーフ、時間制限といった概念は混沌としている）。心理療法全般、このパターンは変わらない。

本論ではそれらを整理して、週一回という頻度との関係を整理して示していくことにしたい。本論では、短期化療法という言葉はかなり漠然と、ギャバードの「長期力動精神療法」での「長期」つまり二四セッション以上または六ヵ月以上の継続という意味よりも短い、という意味で使う。*2

短期療法的アプローチから見たセッション数

短期療法は、短期の治療技法のあいだだけでなく、短期の治療においても技法の違いが大きいので、歴史的発展の順番の違いは無視して、まず心理療法の流れの大枠から「短期化」の試みをまとめてみると、三つになる。

①認知行動療法的なアプローチ

「認知行動」と一言でいう場合、従来の行動療法にアーロン・ベックの考案した「認知療法」が革新的な進歩を加味した総称を言う〔Westbrook et.al 2007〕。その技法は精神療法と言うよりも心理教育で、患者が自分で症状に対峙できるようになった時点でひとまず終結するので、明らかに短期化（効率化）を目指している。*3 ベックがリッグスセンターでエリク・エリクソンの指導を受けた精神分析家で、自我心理学のど真ん中にいたことが大きな影響があったのだろう

〔Weisner, Majorie 1993〕。共同的経験主義は治療同盟の別名だし、力動的なフォーミュレーションと事例概念化は、異なっているのは、患者自身の意識的な言語化と意識的なコントロールに認療法が重きを置いている違いはあっても似ているし、治療の構造化は精神分析状況論で醸成されてきたものである〔藤山・伊藤 2017〕。

つまり認知療法の大部分は、精神分析の醸成してきた治療技法を、仮説検証過程という科学的手続きとパラレルな心理教育に置き換えることで可能になる〔Westbrook et.al 2007〕。そのため、精神分析の毎日分析とは異なるが、目指しているところは、患者が毎日のように治療の努力に自助的に関わることである。セッションを構造化して、思考を整理し患者さん自身が「毎日」活動を記録すること、そして自分自身で構造化して対処できるようにすることが目標になっている。

この場合、治療の頻度はたいてい週一回だが、セッションの構造化の一部を使って毎日のように治療に関わり続ける。来所していないときにも治療にかかわり、毎日のように自分自身を観察して、活動を記録して実践することが「宿題」になっている。そして自分である程度、治療が内在化されれば、そこで終結しても良い。それが効率の良い短期療法なのである〔Curwen et.al 2000〕。

②解決志向アプローチ

解決志向アプローチは、ＭＲＩ（メンタルリサーチ研究所）の家族療法の歴史のなかから短期的な治療を目指したＢＦＴＣ（短期家族療法センター）で開発された短期療法である〔Fisch et.al 2009〕。家族療法は「短期化」とは直接関連していないが、精神分析の個人面接を補填するという歴史のなかから、コミュニケーションそのものを対象として治療を組み立てていく副産物として「解決志向」の短期療法が開発された〔日本家族療法学会 2015〕。

解決志向アプローチは今日、多くの臨床現場で用いられている。この技法は、患者さんの来所からあらゆる努力を解決に向けた行動だと理解して、質問技法を中心に構成されいている。治療構造は途中に中断を入れるという特徴があるが、ミラクル・クエション、スケーリング・クエション、そしてコンプリメントを繰り返し用いることが特徴となっている。質問技法で心理療法の効果を高めるという点が特徴で、もともとミルトン・エリクソンが起源にある催眠暗示の延長にドゥシェイザーとインスー・キム・バーグが開発したものなので、それらの言語運用によって「気がつかない」うちに変化している、あるいは治っていることが特長だといえる〔De Shazer 1994〕。発想のなかには、変化促進的、加速的な視点が含まれている。頻度は週一回が多いが、セッションは全体に少なくなっている〔Franklin et.al 2012〕。

③短期力動的アプローチ

精神分析の流れのなかで短期療法の歴史は古い。フロイト自身が初期の治療が短期であったことも含めて、精神分析が考案されると同時にほぼ生み出されてきたものと見なせる。実際、フロイトの活躍していた一九二〇年代、先述のフェレンチィとオットー・ランクが『精神分析の発展』という小冊子を出版して、転移的な治療関係の促進などを含めて精神分析的な知識が増えるなら、職人的な治療者が登場して「治療の短期化と単純化」が可能になると指摘した〔Ferenczi. & Rank 1925〕。さらに一九七〇年代に入って短期力動療法のシンポジウムが開かれて、ダーヴァンルーとマランとを中心に、短期力動療法はさまざまな技法を発展させてきた。*4

精神分析という点では、技法的には最も近縁なものなので、いくつかの技法的特徴を次のセクションで考えるが、上記の三つのアプローチそれぞれ、基本的には週一回でおこなわれている。認知行動療法が「毎日」治療活動に参加することを求めるという点で、精神分析の発想にはいちばん近いが、それ以外の方法論ですべて週一回なのは、最小限の努力〔投資〕によって最大限の効果という点を考えるなら、短期療法のなかには週一回以上の発想はそもそもないと言える。促進・加速といった発想で心理療法を捕らえるなら、当然の帰結だと言える。

日本の精神分析的心理療法が週一回である主な理由は、精神医学的な外来治療に精神療法が適合する必要があったためだろうが、「短期化」という視点から見るなら、この発想はそれほど問題があるようには見えない。

力動療法における時間の短期化

短期力動療法は、時間の長短を力動のまな板に載せることに努力してきた。期限設定 *Time-limited*・短期 *Shor-term*・ブリーフ *Brief* といった言い方が異なるように、その特長によっては齟齬を起こすところもあるが、短期化の戦略という点では共通している〔Molnos 1995〕。それは以下のような技法的な特徴をもっている。問題はそれぞれの特徴が、週一回の短期化を考えない、長期的な技法とどのような齟齬を起こすかという点だろうが、まず長期の力動的心理療法と連続している点を述べるなら、以下の三点になるだろう。

①治療の焦点化

主題の焦点化でしばしばこれをFocalという言い方で表現する。治療を短期化するために必要なのは、患者さんが何に困っていて何をどう修正するかについての合意を得ることである。そのため、力動フォーミュレーション、そして主訴や解決の内容に関して、焦点化することが求められる。

例えばマンの「時間制限療法」では、焦点化した問題を「中心的問題 *Central Issue*」と名づけて、治療の初めに明確に記述する。同様にルボルスキーの「短期支持-表出的療法」では、取り組むべき課題を「中核的葛藤関係テーマ *CCRT*」、ストラップ、あるいは最近の「期間限定力動療法 *TLDP*」では「循環的不適応パターン *CMP*」と概念化して患者さんと共有し、治療全体を通じて焦点を維持する。短期力動療法のレヴェンソンによれば、主題を限れば、その問題に関する話題と転移は、だいたい二〇回から三〇回のあいだに展開、解消する〔Levenson 1995〕。ひとつの主題に限れば、回数はその範囲内で発展する。だが主題を限るには技術が必要で、その人がどんな風に、症状をはじめとして困っているかを、その対人関係や対象関係から記述しなおす作業には、精神分析的な力動フォーミュレーションが不可欠である〔妙木 2010〕。ギャバードは、この点では同様で「徹底的に見立て、対象関係のレベル、自我の強弱、自己一貫性、リフレクティヴ機能、そして欠損対葛藤をすべて査定することで、精神力動的定式化は治療を計画するうえで有益」と述べる〔Gabberd 2010〕。主題の焦点化という点では、長期の週一回（あるいは数回）の精神分析的心理療法を勧めるコルタートも、アセスメントの重要性を強調している〔Coltart 1993〕。この点では、心理療法の適応を判断する技法としてのアセスメントと、主題の焦点化とは、連続したプロセスと見なせるだろう。

②コア感情、あるいは抵抗の解除――情動の変容する力

フロイトが最初に発見した治療的な道具は「抵抗」であり、それを心的装置論にするときに彼は「防衛」という概念を与えた。

短期力動療法は、初期のフロイトと同じように、まず防衛が治療の進展を妨げているなら、治療の初めから防衛解除に焦点化して、それを取り扱うべきと考える。だから防衛されているこころのメカニズムを紐解くためにも、そして新しい体験を新しい理解の基にするためにも、求められているのは、今ここで治療のなかでおこなわれるコアの感情に触れることなのである。感情、あるいは情動に対するアプローチは、防衛を段階的に取り扱う〔マッキャロー〕、身体的な変化に注目する〔フォシャ〕、自己開示する〔アルパート〕などの異なる視点があるが、防衛されている感情に触れることが目標とされることは共通している〔Solomon et.al 2001〕。そのために、身体スキャンを用いて感情を同定し、防衛の層を取り扱っていく。防衛が解除され、それが意識されると、徐々に抵抗は緩まり、新しい人との関係が導入されるという考え方は、精神分析に普遍的に見られる現象だろう。問題は、時間をかけて自生的に生じるものだと考えるかどうかで、臨床的な立場は異なっている。ある意味で治療者の中立性などの基本原則を守る立場からすれば、この技法はあまりに能動的に見えるだろう。ただ、抵抗除去の技法はグレイがそうであるように、抵抗、防衛概念を重視する立場の精神分析では普通のことで、この点では、週一回の精神分析的な心理療法との大きな齟齬は見られない〔Gray 2005〕。

③転移の活性化

ダーヴァンルーが「中核力動シークエンス」のなかで生じる現象として指摘し、レヴェンソンやフォシャが述べていることだが、強い感情に触れることができる関係は、強い転移が生じているということとほぼ同義であり、今ここでの感情体験が賦活して、治療者に対する感情が強くなる〔Levenson 1995〕。フェレンチィが最初に指摘したことはこの体験だったと考えれば、転移を取り扱う必要性は、長期的な治療法よりも重要であり、抵抗の解除はつまり転移のブレークスルーになると考えられてきた〔Malan et.al 2006〕。治療者の相互作用の結果としてもたらされる安心感は、転移を活性化する考えられる。フォシャのように、重要なものは転移よりも相互作用を取り扱うことだと考えるかどうかはともかく、強力な相互作用のなかで、防衛や抵抗に触れようとすることで、治療者との感情体験が賦活するという点では、短期力動療法は共通した考えかたをもっている〔Fosha 2000〕。

ここまでのところ、短期化と長期の週一回の力動療法とのあいだには大きな齟齬はないと考えられる。焦点を絞る、あるいは抵抗を積極的に解除する、そのために治療者と患者さんの感情体験の相互作用を高めるという手法は、心理療法の実践のなかであれば、多かれ少なかれ実践している部分だし、短期化が効率や便益性ではなく効果を求めるものならば、長期的な治療だから戦略をもたないというわけではないだろうから、実際の臨床場面では活用されている実践であろう。

けれども以下の短期力動療法の特徴については、そもそも長期で週一回寝椅子を用いることの意義があるかどうかといった議論であり、齟齬を起こす可能性がある。

短期化戦略と長期の精神分析的心理療法の齟齬

そもそもモルノスが述べているが、短期療法の選択を長期的なセラピーの訓練を受けた人がおこなう場合は、かなり例外的である〔Molnos 1995〕。患者の事情に期限がある場合、公共のヘルスケア領域、そして治療者の社会的な地位の三つのバイアスの結果だと彼女は言う。始めに述べたように、これらは需給関係によって心理療法が選択されていることの証明だが、短期化には力動的な意味がある場合もあるので、その点を短期力動療法の特徴から挙げるなら、二点になる。

①時間＝分離＝自立＝成長

時間が有限であることは、人が自分の人生が有限だということを気がつく機会である。期限設定型の短期力動療法は、強い感情的な体験のなかでコア感情に触れる反面で、数回から数十回で終わるよう計画された時間制限をその機会と考える。終わりの受容が、人間の成長にとってきわめて重要だと考えているからである。つまり、時間認識のために、もともと時間制限に積極的な治療価値をおいてきた歴史がある。それは、ランクを起源として、アレキサンダーら多くの短期力動療法の開発者たちが提起し、共有してきた概念でもある。

つまり一つは、期限をもうけること、治療に「終わり」を設定することで、患者の分離不安と実際の分離体験とを、治療者との関係性のなかで取り扱うことに価値を置くのである。ラカンの「スキャンション（可変時間セッション）」――句読点を入れる――という点ではそうだが、フロイト以後、中断に精神分析的な意義を認めたのが、時間設定、期限設定の考え方である〔Fink 2007〕。反対に、ものごとの終わりや分離に耐え、対処できる力は、達成されるべき発達課題でもあるので、終わりがないと錯覚させるような治療関係は、クライエントの幼児的な願望であり、いつまでも自立しないことを意味している。この点、長期の週一回の治療は、期限を決めることの真逆なので、短期化に相対する部分だと言える。

②対面法の活用

自由連想法は、毎日分析と、寝椅子の使用、そして治療者の中立的な態度、という三つの要素が重なりあって成立している。

それに対して短期力動療法は、支持的共感的な態度を積極的にクライエントに用いることをはじめとして、防衛の非言語的・身体的な表現を積極的に取り入れて、身体のスキャニングを用いることで、クライエントの身体的な変化を使う技法を用いてきた。そのため、相手の反応を言語的にとりあげて、そこで動いている感覚「体のどこで感じますか」を使うことが多い。

それは、寝椅子の「見えない」効果＝退行とは反対に、治療者との愛着に基づく安心感の体験が、患者さんの感情に触れる可能性を加速すると考えるからである。寝椅子は、この相互作用の契機を剥奪してしまうと考えている（この点は、古典的にはアレキサンダーが寝椅子を放棄したのと同じ事情である）。短期力動療法の技法から見れば、長期化する治療の原因のひとつは、治療者の受身的な態度、そして寝椅子がともに、治療者と患者さんの相互作用を奪っているからだと考える〔Fosha 2000〕。

短期力動療法では、時間を体験するための技法、あるいは対面法の活用が推奨されてきた。その二点の内まず前者から見れば、長期の時間的な期間設定のない週一回の精神力動的療法に対して、終わりのない、あるいは時間感覚が「永遠」であるような週一回の治療にとって重要な契機は、終結あるいは時間とともに訪れる「終わり」の時間だと言うことになるだろう。

後者の対面法の活用については、ギャバードのテキストがそうであるように、週一回の治療の多くが対面法であることの意味は、治療者と患者さんの相互作用を重視しているからだという推測が導かれる。だとすれば、寝椅子を用いた週一回の精神分析的心理療法は原理的に相互作用の剥奪であり、長期化のデメリットを強化しているという主張になるだろう。この点については今後、寝椅子の活用の問題として議論していく必要のある点だと考えられる。

さらに考えるべきこと

以上、短期化の戦略的な方法論から、週一回の長期力動療法の特徴を対比させて論じてきた。ちなみに短期力動療法のなかには含めないことが多いが、ウィニコットの「精神療法的コンサルテーション」と「オンディマンド法」は、上記の二点の問題点を多くの点でメリットだけを切り取った技法だと言うことができる。

ウィニコットは子どもが困ってる（会いたい）ときに会う技法を「オンディマンド法」と呼んだが、大変なとき、困っているとき、痛いときに医師に頼る、そうでないときには自分でどうにかすることを促進することは、治療者を主観的な対象と見なすための退行を促進する技法だとも考えた〔妙木 2015〕。その意味では、出会うことと出会わないことを活用するのは、治療にとって退行促進的な側面ももっている。時間の問題とスクウィグルを用いた対面ではない相互作用の技法は、週一回の長期療法との関連で、熟考するべき多くの利点をもっている〔Winnicott 1984〕。週一回との対比で考えるべき、今後の課題だと思う。

＊1　モルノスが述べているが心理療法の伝達、つまり心理療法が実際にできるようになるためには、職人教育と同様に、実際に教育研修のなかで、やってみる体験が必要になる〔Molnos 1995〕。やってみたことのある人からやってみる研修を受けないと、実際に実践するのは難しい。これを

実践可能性はが高いのはインスティチュートやセミナー講座があり、そこで訓練が受けられるような伝達教育研修制度がはっきりしている場合だろう。そうでない導入の唯一の例外は変人であることで、誰もやっていないことをやる。つまり新しい革新的なシステムの導入ができる変人だということだ。創始者には、フロイトや他の心理療法の開発者のようにある種の先進性 *initiative* と失敗、そしてある成果が必要になる。

＊2 「長期 *long-term* 力動療法」はアメリカ精神医学会で認められている定義で「転移と抵抗に関するタイミングを慎重に見計らった解釈と、治療者がとのように患者との相互作用に寄与するかについての繊細な理解とに焦点を当てた治療」のことである〔Gabberd 2010〕。

＊3 効率化、効果、そして費用便益性という概念は、明確に区別する必要がある〔妙木 2017〕。

＊4 歴史的な経緯については妙木・飯島〔2014〕を参照していただきたい。

Coltart, N.（1993）『精神療法家として生き残ること』館直彦監訳（2007）岩崎学術出版社.

De Shazer（1994）『解決志向の言語学』長谷川啓三訳（2000）法政大学出版局.

Ferenczi, S. & Rank, O.（1925）*The development of Psychoanalysis*. Nervous and Mental Disease Publishing Company, p.63.

Fink, B.（2007）『精神分析臨床の基礎——ラカン派臨床の実際』椿田ほか訳（2012）誠信書房.

Fisch, R., Wendel, A.R. & Schlanger, K.（2009）『解決が問題である』小森康永監訳（2011）金剛出版.

Fosha, D.（2000）*The Tranforming Power of Affect：A Model for Accelerated Chang*. Basic Books を参照.

Franklin,C. et. al（2012）『解決志向ブリーフセラピーハンドブック』長谷川・生田監訳（2013）金剛出版.

藤山直樹・伊藤絵美著（2017）『精神分析×認知行動療法』岩崎学術出版社.

Gabberd（2010）『精神力動的精神療法——基本テキスト』p.44.

Gray, P.（2005）*The Ego and Analysis of Defence*. Lanham：Jason Aronson を参照。抵抗分析の技法は現代の自我心理学の中核にある〔Busch 1999〕.

Curwen, B., Palmer, S. & Ruddell, P.（2000）*Brief Cognitive Behaviour Therapy*. Sage publication.

平川裕弘（2016）『完本　和魂洋才の系譜——内と外からの明治日本』河出書房新社.

Levenson, H.（1995）*Time-limited Dynamic Psychotherapy：A Guide to Clinical Practice*. Basic Books.

Malan, D. & Coulin Della Selva, P.（2006）Live Transformed：A Revolutionay Method of Dynamic Psychotherapy. Karnac を参照.

Mann, J.（1980）『時間制限心理療法』上地安昭訳（1980）誠信書房.

Molnos, A.（1995）『精神分析とブリーフセラピー——時間への疑問と挑戦』村尾泰弘訳（2003）金剛出版を参照.

妙木浩之（2010）『初回面接入門』岩崎学術出版社を参照.

妙木浩之（2015）「解説——あとがきに代えて」Winnicott, D.W.W.（1977）『ピグル——ある少女の精神分析的治療の記録』妙木浩之監訳（2015）金剛出版 pp.251–270.

日本家族療法学会編（2015）『家族療法ハンドブック』誠信書房.
Solomon, M.F.,Neborsky, R.J., McCullogh, L., Alpert, M., Shapiro.F. & Malan, D.（2001）『短期力動療法入門』妙木・飯島監訳（2014）金剛出版を参照.
Weisner, Majorie.E.（1993）『アーロン・T・ベック』大野・岩坂・定延訳（2009）創元社／『アーロン・ベック』大野ほか訳、誠信書房.
Westbrook, D., Kennerly,H. & Kirk,J.（2007）『認知行動療法臨床ガイド』下山晴彦監訳（2012）誠信書房.
Winnicott, D.W.W.（1984）『子どもの治療相談』橋本・大矢訳（2011）岩崎学術出版社を参照.

参考文献

Busch, F.（1999）*Rethinking Clinical Technique*. Northvale : Jason Aronson.
Gabberd, G.（2010）『精神力動的精神療法――基本テキスト』狩野・池田訳（2014）岩崎学術出版社.
Molnos, A.（1995）『精神分析とブリーフセラピー――時間への疑問と挑戦』村尾泰弘訳（2003）金剛出版.
妙木浩之・飯島典子「解説――あとがきに代えて」Solomon ほか『短期力動療法入門』妙木・飯島監訳（2014）金剛出版 pp.211–223.
妙木浩之（2017）「クライエントのお財布事情と心理療法の間――経済的、経営的な視点」『臨床心理学』（17–1）金剛出版 pp.17–19.

提題

日本の精神分析的精神療法

——精神療法の「強度」のスペクトラム

岡野憲一郎

はじめに

本書に執筆させていただくことを非常にありがたく思っています。

まずは「週に一回のセッション」という本書のテーマについてですが、私にはどうも「週一回で申し訳ありません。でも、それなりに立派に仕事が出来ますよ」という謝罪ないしは弁解のようなニュアンスを感じます。「精神分析は本当は週に四回以上なんですが、週に一回だってそれなりに意味があります。でも立場をわきまえていますよ。もちろん正式な精神分析とは言えないことはわかっています」と言っているようです。

しかしそれは同時に一種の戒めでもあります。「まさか週に一回さえ守れていないことはないでしょうね」「週に一回は最低ラインですよ、これ以下はもう精神分析的な療法とは言えませんよ」という一種の超自我的な声に対するものでもあるのです。さらに、この声はもうひとつの、時間についての戒めにも応えています。その声とは「一回四五分ないし五〇分のセッションでなければ、精神療法とは言えませんよ。それ以下では意味がありませんよ」という超自我的な声です。

私はあらゆる決まり事、特に暗黙の裡の決まり事に対して、いったんは疑うことにしています。ですから「週一回以上、一回五〇分でなくてはならぬ」にも同様にそれを疑う気持ちがどこかにあります。もちろん週一回、五〇分できたらどんなにいいだろう、という気持ちもそこには含まれます。しかし、私がもっている患者さんの多くにとってはそれさえも不可能である以上、この原則は私にとって、非常に不都合なものでもあるのです。

まず私の立場を表明します。私は精神科医であり、精神分析家であります。まず精神分析家としての私は、週に四回のセッションも、週に一回／五〇分のセッションも、実際におこなっています。これは精神科医としての仕事とは別に設けられた時間と場所でおこなっています。しかし精神科医の私の臨床のなかでは、週一回はとても贅沢な構造です。そして、私の週二日の精神科外来のように、八時間のあいだに四〇人強のペースで患者さんと会うというスケジュールでは、そのなかでどなたかと週一回の面接構造を維持することには、大きな制約があります。そこで私が比較的贅沢におこなえている精神療法は、毎週ないし二週に一回二〇分ないし三〇分です。他の患者さんに対しては、平均して一〇分、一五分以内、時には五分間で診療を終えて次の患者さんを呼び入れなくてはならないという事情がありますから、これはかなり無理をしたスケジュールと言えます。

そしてこの、一回のセッションに五〇分とれないという事情は、もちろん、他の精神科医にも共通している事情ですが、実は臨床心理士についてもいえます。私は心理士さんたちと組んで臨床をおこなっていますが、それは、私の精神科の患者さんの大部分は定期的な精神療法を必要としている方々だからです。そして彼（女）たちのおこなう心理療法も、とても五〇分に一ケースではまわって行きません。心理士さんたちには一時間に二人会っていただいています。つまり、私の実践している精神科医と心理士の共働では、一、二週間に一回、三〇分のセッションというのが、事実上のスタンダードになっています。

これは私が知っているもうひとつの世界、すなわちトラウマティックストレス学会で出会う精神科医の先生方も話していることです。「通院精神療法では、二週に一回三〇分が上限ですね」でだいたいのコンセンサスがあります。そしてこの二週に一回三〇分というスタンダードが事実として存在するものの、だれもそれを精神分析的とは呼んでくれないという事情があるのです。

でも私は二週に一回三〇分でも、大まじめで分析的な精神療法をやっているつもりなのです。もちろんそれは週四回、ないし週一回五〇分と比べて、かなりパワー不足という印象は否めません。たとえて言えば、精神分析という四輪駆動や、週一回というSUVほどには走れない、いわば軽自動車という感じでしょうか？　でも軽自動車でもそれなりの走りはしていますし、精神分析的な治療という道を、それなりにトコトコと走って行っている気がします。私も「それならばお乗せできますよ」と思っているし、患者さんも「それくらいのガソリン代なら払えますよ」、と言ってくれるのです。ですから私は軽自動車で多くの患者さんと出会って、それなりに満足しています。

どうして私はそのように感じるのでしょうか？　それは、その構造いかんによらず、分析的なこころの動かし方をし、同じような体験がそこに成立していると考えるからです。もう少し順序立てて説明いたしましょう。

精神療法の〝強度〟のスペクトラムという考え

そこで私は、精神療法における「強度のスペクトラム」という考えを提示したいと思います。これは精神療法には、密度の濃いものから薄いものまで様々あるが、どれも精神療法には違いないという考え方です。

まずは精神療法の〝強度〟を単純に時間的な観点から考えましょう。つまり「高頻度」でおこなわれる精神療法がより「強い」という単純な考え方です。それを図示したのが【図1】です。縦軸には強度が示され、横軸にはセッションの間隔が示されます。いちばん左端に来るのはフロイトの週六回五〇分の強度（仮にこれを一〇としましょう）の精神分析です。通常の週四回五〇分は、強度八くらいでしょうか。週一回は強度四くらいということにしましょう。そしておそらく右端近くには、私の患者Aさん〔後述〕のように、三ヵ月に一回二〇分が来るでしょう。これを強度〇・五としましょう。ちなみにここでは頻度以外にも一五分というセッションの時間を入れてしまっていることになりますが、より正確を期するには、三ヵ月に一回五〇分のセッションがこれに該当するのかもしれません。ただしそのような治療関係にある患者さんは私にはいませんので、代わりに、三ヵ月に一回二〇分の事例をここに入れます。

私がここで言いたいのは、強度は違っても、それぞれがれっきとした精神療法だということです。その強度を決めるのは、経済的な事情であったり、治療者の時間的な余裕であったりします。患者の側のニーズもあるでしょう。一セッション三千円なら毎週可能でも、一セッション八千円のカウンセリングでは二週に一回が精一杯という方は、実に多いものです。あるいは仕事や学校を頻繁に休むことが出来ずに二週に一回になってしまう人もいます。その場合、二週に一回になるのは、その人のこころがけのせいとは言えないでしょうし、「二週に一回なら意味がないから来なくていいです」というのも高飛車すぎると思います。

さて、この「〝強度〟のスペクトラム」の特徴をいくつか挙げておきます。

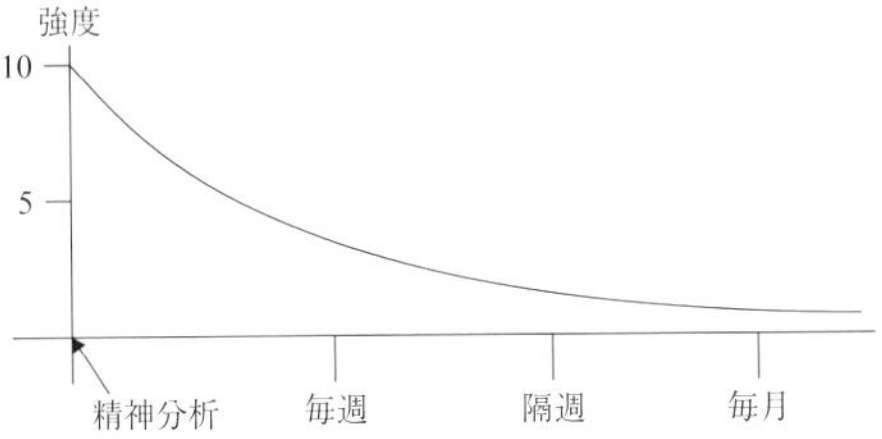

図１　精神療法の「強度」のスペクトラム

〝強度〟に関しては、左端の精神分析から、右端のいちばん弱い精神療法までの右下がりの曲線で描かれていますが、それはあくまでもなだらかです。つまり、週に四回と三回で、あるいは週一回と二週間に一回、あるいは週一回のセッションが四五分と四〇分とで、そこに特別な段差があるとは思えません。それをおこなっている治療者のメンタリティは基本的には変わりはありませんし、そこには決まった設定、治療構造のようなものが少なくともこころのなかでは保たれていると考えています。私は精神分析は週四回以上、ないしは精神療法なら週一回以上、という敷居は多分に人工的なものだと思います。

そうではなく、左から右に移行するにしたがって〝強度〟が低まり、他の条件が同じならそれだけ治療は効果が薄れていく。やっていて物足りないと思う。そしていわゆる「深いかかわり」は起きる頻度も少なくなっていく。それは確かだと思います。何しろ四輪駆動が軽自動車になるわけですから。でも繰り返しますが、軽でも行ける旅はありますし、ひょっとしたら非常に印象深いものにもなるでしょう。

スペクトラム上の「強度」と実質的な「強度」

この表を見ながら考えていただきたいことがあります。それは、このスペクトラム上の〝強度〟はいわば形式的なものであり、実質的な〝強度〟とは異なるということです。つまり週四回でも実質的には「弱い」治療もあれば、二週に一回でも非常に「強い」治療もありうるということです。週四回でも非常に退屈でかわりばえのないセッションの連続であったりします。頻回に会う関係は、そこでの親密さを必ずしも保証しません。長年連れ添っているうちに冷え切った夫婦の関係を見ればわかるでしょう。毎日数時間顔を合わせる関係が継続するうちに、逆にコミュニケーションそのものが死んでしまうこともあるわけです。逆に、二週に一回三〇分でも強烈で、リカバリーに二週間かかるということはありうるでしょう。そのセッションで一種の暴露療法的なプロセスが生じたときには十分にありうることです。

あるいは極端な話、一度きりの出会い、このスペクトラムで言えば〇・〇一くらいの強度に位置するはずの体験が、一生を左右したりします。そのようなことが生じるからこそ、精神療法の体験は醍醐味があるわけです。私の知っているラカン派の治療を受けている人は、二〇分くらいのセッションが終わってから「あとで戻ってきてください。もう一セッションやりましょう」などと言われそうです。一日二度、一回二〇分という構造など、このスペクトラムのどこにも書き入れることができません。でもそれも治療としてある社会では成立しているということが、このスペクトラム的な考えをもたざるを得ない根拠となります。

ちなみに、このスペクトラムの概念について一言付け加えるとしたら、それは精神療法やカウンセリングには他にもさまざまな形態のスペクトラムが存在するということです。上に示したのは、セッションの頻度に基づいたものですが、他にも、一回のセッションの長さの問題があります。これは一〇分、二〇分といった短いものから、スタンダードとしての五〇分、その先にはダブルセッションといって九〇分、一〇〇分のセッションまであります。また、料金の問題があります。一回三万円のセッション（これが実際に存在することを仲間の臨床家から聞いたことがあります）もあれば、保険を使った通院精神療法もあります。原則無料の学生相談室での面接ということもあるでしょう。あるいは、治療者がどの程度自己開示を厳密に控えるか、ということにもスペクトラムがあり得ます。ある治療者は、事故でけがをして松葉づえをついて患者を面接室に迎い入れましたが、その事情を一切語らなかったそうです。しかし別の治療者なら、少し風邪気味なだけで「風邪をひいて少し声がおかしくてごめんなさい」と言うかもしれません。

このように治療におけるスペクトラムは多次元的ですが、だいたいその空間のどこかの範囲に収まっていることで、あるいは予測可能な揺らぎの範囲内にあることで、治療構造がある程度は守られているという実感を、治療者も患者ももつことが出来るのです。

スペクトラムのなかでの柔構造——あるこころの動かし方

繰り返しになりますが、私は精神科医ないしは精神療法家として、かなりケースバイケースで治療をおこなっています。つまり上述のスペクトラムのなかで、強度八から〇・五まで揺れ動いているところがあります。これはある意味では由々しきことかもしれません。

「精神療法には構造がいちばん大事なのだ」――これを故・小此木啓吾先生は口を酸っぱくしておっしゃっていました。でも私は、これをいつも守っているつもりなのです。というのも、私は結局はスペクトラム上のどこにいても、ある一定の「こころの動かし方」をしていると思うからです。そして私はそれを精神分析的と考えています。ここで私は「分析的」という言葉を、内在化された治療構造を守りつつ、逆転移に注意を払いつつ、患者の利益を最も大切なものとして扱うという意味で用いています。それが私の「こころの動かし方」の本質です。そのこころの動かし方それ自体が構造であるという感覚があるので、外的な構造についてはそれほど気にならないのかもしれません。

ある「こころの動かし方」はそれ自体が一種の構造を提供しているという側面があると述べました。そのこころの動かし方には、すでにある種の構造が内臓されています。ですから、時間の長さ、セッションの間隔などは比較的自由に、それも患者さんの都合を取り入れつつ変えることができます。それでも構造は提供されるのです。ただし実は、その構造が厳密に守られることではなく、それがときに破られ、また修復されるというところに、治療の醍醐味があるのです。そのニュアンスをお伝えするために、ひとつの比喩を考えました。

かつて私は治療的柔構造のことを、一種のボクシングのリングのようなものだと表現しました。カッチリその輪郭の決まった、例えば何曜日の何時から五〇分という構造は、相撲の土俵のようなものです。足がちょっとでも土俵の外に出るだけで、あっという間に勝負がつきます。その俵が伸び縮みすることはありません。ところがボクシングのリングは伸び縮みをします。治療時間が終わったあとも三〇秒長く続くセッションは、ロープがすこし引っ張られた状態です。そして時間が過ぎるにしたがってロープはより強く反発してきます。すると「大変、こんなに時間が過ぎてしまいました！」ということで結局セッションは終了になります。そのロープの緊張の度合いを、治療者と患者が共有することに意味があります。

このようにボクシングのロープ自体は多少伸び縮みするわけですが、リングそのものは、やはりしっかりとした構造と言えます。そのなかで決まった三分間、一五ラウンドの試合をおこなうというボクシングの試合もまた、かなり構造化されたものです。そして、本来、治療とはむしろ、このボクシングのリングのようなもの、柔構造的なものだ、というのが私の主張でした。

しかし「こころの動かし方自体が柔構造的だ」という場合は、ここで新たな比喩が必要となります。同じボクシングの比喩ですが、コーチにミットでパンチを受けてもらう、いわゆる「ミット受け」、ないし「ミット打ち」という練習からヒントを得ることにしました。

ボクシングの選手が「ミットで受けてほしい」、とコーチのもとにやってきます。コーチはミットを差し出して選手のパンチを受けます。ひとしきり終わると、「ありがとうございました。いいトレーニングになりました。ではまた」と選手は帰っていきます。これがミット受けです。ここにも大まかな構造はあるでしょう。どのくらいの時間、どのくらいの頻度でミット受けをしてもらうかは、選手ごとに異なるはずです。一時間みっちり必要かもしれないし、試合前に五分でいつもの感覚を取り戻すだけかもしれない。しかしここにも、たとえば月・水・金の五時頃から三〇分ほど、などのだいたいの構造は必要となるはずです。さもないと二人とも予定が合せられないからです。

さて、ミット受けが始まると、選手はコーチがいつもと同じようなミットの出し方をして、いつもと同じような強さで受けてくれることを期待するでしょう。場所はあまり定まっていないかもしれません。そのとき空いているリングを使うかもしれないし、ジムが混んでいるときはその片隅かも知れない。夏は室内が暑いから外の駐車場に出て、風を浴びながらひとしきりやるかもしれない。そのとき選手とコーチは、お互いに何かを感じあっていることになります。コーチはいま選手がどんなコンディションかを、受けるパンチの一つ一つで感じ取ることができるでしょう。選手はコーチのミットの絶妙な出し方に誘われて自在にパンチを繰り出すのでしょうが、時にはコーチは自分にどのようなパンチを出して欲しいかが読み取れたりするかもしれません。その意味ではミット打ちは、選手とコーチのコミュニケーションという意味合いをもっています。

このミット打ちの比喩が面白いのは、選手とコーチのあいだの一方向性があり、それが精神療法の一方向性とかなり似ているということです。コーチがいきなりミットを突き出してきて選手にパンチを繰り出すようなことは、普通はありません。コーチは自分がボクシングの腕を磨くために、あるいは自分のボクシングの能力を誇示するために、ミット打ちを引き受けるわけではないからです。コーチはいつも選手のパンチを受ける役回りです。いつも安定していて、選手の力を引き出すようなミットの出し方をするはずです。その目的は常に、選手の力を向上させるためです。あるいは試合前に緊張している選手の気持ちをほぐすため、という意味だってあるでしょう。こうして考えれば考えるほど、精神療法と似てきますね。

そしてこのミット打ちを考えるとわかるとおり、そこに構造があるとすれば、それはコーチのミットの出し方、選手のパンチの受け方に内在化されているのです。そこにはいつも一定のスタンスと包容力をもったコーチの姿があるのです。

ここである臨床例Aさん、Bさんについてご紹介したいのですが、紙数の制限のため、Aさんについてはごく簡単なかたちにします。また個人情報のこともあり、本質部分を除いては大きく扮装を施してあります。

症例Aさん――強度〇・五

患者Aさんは私がかなり昔にかかわったケースです。彼とは三ヵ月に一回の頻度で会っていましたが、時にはセッションの間隔は二ヵ月、時には四ヵ月になることもありました。

Aさんは初診時五十歳代、独身の男性でした。彼は無職ではありますが、いつもきちんとスーツを着用し、ネクタイを締めてやってきます。そしてハンカチを手にしながら、日常的な問題についてこころに溜まっていたことを語ります。

Aさんは運動が極端に苦手なために幼少時から虐めを受けていましたが、学校での成績はよかったようです。大学を出て司法書士の資格を得たのですが、どの職場でも差別に遭い、結局職に就くことを諦めたといいます。そしてそれ以後は、年金生活の年老いた母親と共に暮らしていました。あるときからAさんは私のもとを訪れるようになり、私は彼と通常の精神科の外来で、二〇分ほどの少し長めの時間をかけて会うようになりました。もちろん私の方では、それが精神療法的なかかわりとは特に考えていませんでした。しかし彼のなかでは『わたしが先生のカウンセリングを受けるようになってから……』という言い方をするようになりました。

私はこれに驚き、三ヵ月に一回二〇分でも、Aさんにとってはカウンセリングという位置づけなのだ、と実感しました。そして彼のなかではその「カウンセリング」はどのような段取でなされるべきかについて、かなり明確な青写真を持っていたようなので、私はそれに沿ってAさんの話を聞くことにしていました。［以下略］

症例Bさん——強度二

私がかつてお会いしていたBさんは、四十歳代後半の独身男性で、生活保護を受けて単身で生活していました。彼とは毎週二〇分、会っていました。近隣に、同じく精神障害を患っている妹と母親が暮らしていますが、彼はなぜか彼らから排除されてひとり暮らしを始めて十数年がたっています。Bさんと母親のかかわりからは、彼が養育上の深刻な問題を体験したことが十分伺えます。

Bさんと最初にあった当時は、かなり印象的な風貌でした。頭の毛はボサボサで何日も洗っていないのは明らか。靴は破れて靴下が飛び出しています。すそ直しをしていないズボンは地面を引きずっていました。肥満気味なために汚れ放題のシャツのボタンはいくつも飛んでいます。彼は過去に何回か精神科の入院歴がありますが、それ以上の詳しい話を明かそうとしません。コンピューター関係の専門学校を出た後、職を転々としましたが、おそらく重症の精神疾患を体験し、最初の精神科による入院治療を経た後、実家を追われてからは生活保護で、単身で困窮生活を余儀なくされています。

しかしBさんと話していると、非常に知的で、精神科の薬物について、あるいは精神分析に関して並々ならぬ知識が覗えます。個人的に量子力学に興味をもっているというBさんの使う専門用語には、私にはとてもついて行けません。ところがBさんの話を聞いているうちに、過去に米国に渡ってバイオフィードバック療法の助手をしていた、催眠療法を行なっていた、などのにわかには信じがたい話が出てきます。結局、彼がこれまでどこで何をしていて、どのような診断を下されていたかがなかなか見えません。

でも私は、そのような人に興味がわいてしまいます。ということで会話を交わしているうちに、いつの間にか私の患者さんとして外来を訪れるようになりました。Bさんに言わせると、最初に出会ったときの私の面接スタイルに『まったく精神科医らしいところがない』とショックを受け、それから来るようになったということです。その頃はちょうどBさんの主治医が退職となり、彼が次の精神科医を探していたところだというタイミングでもありました。

Bさんは夕方四時くらいに病院にやってきます。大体そのくらいの時間には私は少し余裕が出来るので、ひと気のなくなった待合室にちょこんと座っているBさんを呼びます。彼は何やらたくさん書類が入った、擦り切れてチャックの壊れたカバンを持って、面接室に入り、まず最初にたいてい『いやー、今日も大変でした……』と言います。時には『自律神経系をすっかりやられました』というバージョンもあります。

私は、ようやく一仕事が終わりちょっと同僚と話す、と言ったリラックスした感じで彼と話します。彼のプライドは、実質的な療法家としてのキャリアを持っているということですから、そこについては私はあまりチャレンジしないことにしています。そしてスタッフルームの冷蔵庫からペットボトルのお茶を取ってきて、彼にも紙カップに分けて勧めたりします。Bさんは、地域支援センターで他の利用者から暴行を受けそうになったこと、アパートでの騒音や水漏れのことを話します。あるいは最近ようやく利用できるようになったインターネットを介して、早速催眠の依頼をたくさん持ち込まれて困っている、という話になります。私は『Bさんは、実力があるからいろいろ依頼が来るんでしょうかね。でも自分の体を優先しないと……』などと、「ミット出し」をします。

Bさんの話が幼少時の母親との体験や、情緒的なネグレクトを受けたという体験まで下りていくこともありますが、たいてい私たちは世間話をたくさんしています。もちろん、私から自分のことを話すことは一切ありません。話題の提供はあくまでBさんですが、時には私も話題を振ります。特に精神医療一般の話題はしばしば出ます。

そんなBさんとの関係ですが、私たちは冗談を言い合っているばかりではありません。この数年間のうちに、かなり厳しい局面がありました。というのも、Bさんは診察後も居座る、何度も訪れる、救急で運ばれるということがあり、それが私との関係で揺れ動いているというところがあり、それが私たちの治療構造に大きな影響を及ぼすということがあったからです。

Bさんは母親と連絡をとれなくなり、不安が極度に高まったことがあります。何時間も外来に居座るということが起き、救急搬送される、病院内を徘徊するので苦情が舞い込みました。私は困り果て、腹も立ち『あなたは一人ぼっちが死ぬほど怖しいのだと思います。それで胸が苦しくなったり、私との面接の後に帰れなくなったりするのですね。でも、このままでは私は、ここで会えなくなってしまいますよ』。これにはBさんは涙を流して訴えました――『そんなこと、先生に言われても困りますよ。私はとにかく胸が苦しいんです……』。私たちはそれからBさんの生い立ち、特に精神病を病んでいた母親にネグレクトを受けたときの辛さについて、ゆっくり話し合うことになりました。

それ以来、私もイライラをする機会が無くなり、非常に穏やかな数年間、週に一回二〇分の関係が経過しています。私は週一回二〇分の時間でも、強度としてははるかに週一回五〇分に及ばないとしても、私が精いっぱいできるかたちでBさんを支えているという自覚がもてています。

私がAさん、Bさんと会っていて感じるのは、彼らには私と接触して会話を交わすことが、なぜか必要らしいということです。ただ、それがどこら辺から来ているのかはわかりません。私は彼らと普通に、しかし真摯に話すだけです。私は一切お説教めいたことは言いませんし、彼らは基本的には自分の頭にあることを語って、私の反応を見て楽しんで、帰っていきます。

それと、私はAさんやBさんの治癒とか終結とかは頭にはありません。私は彼らが私をある程度、象徴的な意味で白衣を着た人間として理想化していることはわかりますし、私が自分の情報を基本的には漏らさず、つまり私も彼らと同じような弱くて失敗だらけの人間だということはことさら伝えず、ただ自由に主観を提供しているという両方向性の関係からきているのだということは、十分自覚しているつもりです。

「こころの動かし方」の三つの留意点

これまでミット打ちの比喩、そして症例Aさん Bさんを紹介してきました。そして「こころの動かし方」は構造を内包している、という言い方をしました。その動かし方について、いくつかの特徴をまとめておきます。

バウンダリー上をさまよっているという感覚

ひとつ目は、私はその内的構造を、いつもギリギリのところで、小さな逸脱を繰り返しながら保っているということです。構造の代わりにバウンダリーという見方をすれば、私はその上をいつもさまよっているのです。境界の塀の上を、どちらかに落ちそうになりながら、バランスをとって歩いている、と言ってもいいでしょう。そしてそれがスリルや遊びの感覚や新奇さを生んでいると思うのです。

これは、先ほどのミット打ちにもいえることです。コーチがいつもそこにあるべきミットをほんの少し外して見ます。あるいは攻撃してこないはずのミットがこちらに向かってくるような、少し意外なそぶりを見せます。すると選手はちょっと怒ったり不安になったり、『コーチ、冗談は止めてくださいよ!』と笑ったりする。おそらくそれは、ミット打ちにある種の生きた感覚を与えるでしょう。もちろんやりすぎは禁物です。いたずらに選手にわずらわしさを感じさせるのではコーチ失格です。しかし選手を刺激し、覚醒させ、やる気を引きを起こすのは、ほんのちょっとした遊び心なのです。

あるいは実際のセッションでいえば、私はBさんに『まあ、どうぞどうぞ、お茶でも』と言って、ペットボトルのお茶を紙コップに入れてBさんに振舞います。こんなことは普通は起きないので、Bさんは私が冗談でやっているのか本気なのかわかりません。私が時々言うジョークにも、その種の得体の知れなさがあります。Bさんはそれに笑うことが出来て『これは漫才ですか?』と言ったりする。私とBさんはそんな関係を続けているわけですが、この種のバウンダリーのゆるさは、仕方なく起きてくると言うよりも、実は、常に起きてしかるべきであり、治療が死んでいないことの証だというのが私の考えです。

通常この種のバウンダリーには、私たちはきわめて敏感です。あれほど社交的な身体接触の多い欧米人ですら、通常交し合うハグのなかに、通常より強い力、不自然で過剰な身体接触が混入すれば、それにすぐに気がつくでしょう。ましてや日本人の場合には、ほんの僅かな身体接触はとても大きな意味をもちます。そのなかでも性的な意味をもつものは、即座に感じとられる傾向にあります。

身体接触のもつ意味は、また、きわめて文脈依存的でもあります。ですから治療終結の最後の日に治療者が握手の手を差し伸べても、きわめて自然に感じ取られるとしても、通常のセッションの最後に急に治療者が握手の手を伸ばしてきたら、患者さんを混乱に陥れるかもしれません。すると明白な身体接触と、非接触のあいだには、きわめて微妙なバウンダリーが存在することになります。それは身体接触の程度や、それがおこなわれるタイミングという要素を担っています。

同様のことは、心理的なバウンダリーについても言えます。明白な言語的な侵入とまったくそうでない言葉の交流、あるいは治療者の明白な自己開示を伴った言葉と匿名性を守ったコメントや明確化のあいだにあるバウンダリー。治療者は言葉を交わしながら、しばしばそれらのバウンダリー上をさまよっています。実はバウンダリー上のさまよいこそが重要なのであり、そこには驚きと安心がない混ぜとなる、ある種の創造的な交流がおこなわれる可能性があるのです。

決めつけない態度

「こころの動かし方」のもうひとつの特徴は、決めつけない態度です。Aさんの場合もBさんの場合も、かなり世間から虐げられ、誤解を受け辛い思いをしてきたことが覗えます。人からこんなことを指摘されるのではないか、こういうところを疎ましがられているのではないか、と感じられます。たとえばAさんは、司法書士という資格をもちながらも、職を得ていません。Bさんも、自称元催眠療法士とはいえ、いまは無職です。

彼らは少なくとも、私が厳しいことや、彼らがそれなりに持っているプライドを傷つけるようなことは言わないことを知っています。私は『そろそろ働いては？』とは特に言いませんし、お説教じみたことは私の発想にはまったくありません。私は彼らを直そうと躍起となるつもりもなく、彼らが生活保護をこれから続けなくてはいけない事情をよくわかっています。彼らのなかに深刻な孤独感と対象希求があるのをわかっているつもりです。彼にとっての私は、おそらく変わった精神科医で、必要に応じて投薬をし、診断書を書くという以外は、医師という資格をもったただの隣人という感じでしょう。私は白衣は特に着ませんし、もってもいませんが、私が医師であるということは彼にとっては意味があることは確かで、そのことを私が知っているという意味です。私にとって「決めつけない」というのは構造のひとつです。スパーリングでいえば、そこに「遊び」はあっても、基本的にはミットが選手の痛めている右わき腹や狙われやすいアッパーカットを打ち込むことはありません。その安心感があるからこそ、私のミットのちょっと意表をついた動きは、スリルにつながるのでしょう。

自尊感情を大切にすること

「こころの動かし方」の第三の特徴として、私は来談者のプライドやセルフ・エスティーム、自尊心を守るということをあげたいと考えます。ピンスカー〔2011〕の支持療法のテキストに、支持的療法の第一の目的は患者の自尊心の維持と記されています。私もそのとおりだと思うのは、人間はみずからの自尊心が守られない限りは、自分が目を逸らしたくなるような現実に直面することにこころが向かわないからです。

ですから、私がAさんやBさんともっている関わりが、ただ彼らに支持的にふるまっているだけではないということを、わかっていただきたいと思います。彼らはある意味では、誰から見ても目につく特徴をもっている人たちです。私はつい彼らの特徴を指摘したくなることもあります。ところがある意味では、私との面接外では、彼らはそれらについて過剰に指摘され、傷ついている可能性があります。それに触れないで、彼らのもっているユニークさを長所と見なすことは、私の発揮できるニュートラリティ、中立性とも考えます。

以上、精神療法の強度のスペクトラム、内在化された構造としての「こころの動かし方」というテーマで、事例を交えて述べてみました。

週一回セラピーの実践

第四章

アセスメントと適応

池田　政俊

はじめに──週一セラピーとは何か

まず最初に、週一回四五〜五〇分間の日本的な精神分析的心理療法とはどういうものなのか、ということについての私の見解をごく簡単にまとめたい。それをしなければアセスメントや適応は語れないだろうからである。この週一回のセラピーは、現実の経済的・時間的感覚からすると、わが国では最もインテンシヴな密着した心理療法として、きわめてポピュラーに実践され、目指されている心理療法の形態であろう。とはいえ、実際には、一人のクライエントに一時間近く一人の専門家が関わるこの方法は、きわめて高価でコストパフォーマンスが悪いと見做され、一回の時間を一五〜三〇分に縮めるよう経営者サイドから求められるという話も、少なからず聞くことすらある（一日に最大八人のクライエントとしか関われないこの方法は、おこなう側からすると、たとえ一回一万円であったとしても場所代などに比べて収益性がきわめて低く、たとえキャンセル料を取る設定にしたとしても、十分な収入が得られないリスクが高い。一方、受ける側からすると、きわめて高価に感じられる方法なのである）。また、実際にはこの週一回の心理療法の実践は多様性に富んでおり、この営みのありようや目的が何なのかを厳密に定義することはきわめて難しい。

私は、きわめて大雑把であるが、週一回のセラピーの特徴は、精神分析療法に加えて、認知行動療法や支持療法などのさまざまな特徴を併せもっていることである、と思う。そしてまさにそこにこそ、この方法の曖昧さや距離感や独自性があるとも言えるだろう。

週一セラピーの精神分析療法としての側面は、たとえ週一回に過ぎないとはいえ、クライエントが一定の料金を支払うことが多く、相談事や話題が有ろうが無かろうが、定期的に四五〜五〇分間という比較的長い時間、セラピストと面接をする、という構造をもっていることにある。話すことが無くても、嫌でもクライエントは来なければならないし、たくさん話したいことがあってももっと依存したくても、時間が来たら面接を終えなければならない。臨時面接や頻度を増やすことは簡単にはできないのである。このためクライエントは、セラピストと会うことによって癒されるだけではなく、少なからずフラストレーションを感じることとなる。密着と分離喪失が反復されるのである。だからこそこのセラピストとクライエントとの関係に、そのクライエントがそれまでの人生で意識的・無意識的に体験してきた、そして今も繰り返しさまざまな対人関係のなかで体験している、そしてそのためにさまざまな症状を生じている、対人関係上の困難が再演されうるのである。この困難は、通常は、クライエント本人には十分意識化されておらず、無意識的に繰り返されているものである。それは、男性や女性としての誇りを傷つけられる体験（去勢不安）の再体験かもしれないし、大切な相手からの承認を得られない体験（対象の愛を失う恐れ）の再体験かもしれないし、破滅や侵入や剥奪などのもっともっと深い傷つきの再体験かもしれない。

しかしこれは週一回なのである。つまり週四～五回の精神分析療法と比べると明らかに、この、体験したくない再演を避ける方法が山ほどあるのである。たいていの人は、あいだが一週間も空けば、五〇分間分くらいの話題はいくらでも捻りだせる。見たくない問題には触れずに、セラピストとの時間を、楽しく、無難に、あるいは優等生として過ごすことは可能である。一方、だからこそ、無理に蓋を開けることなく、時間をかけてゆっくりと、クライエント自身が向き合いたくないと感じたり、向き合えないできた問題と向き合うことができるとも言えるかもしれない。しかし一方で、当然ながら、ずっと自身の問題と向き合うことを避けてしまって、何も起きずに延々とセラピーが続く可能性も含んでいるのである。その際、先延ばしが必要な場合には、セラピストが程よい理想化転移を引き受けたまま励ましや保証や環境調整などをおこなう、といった支持的な方法が使われるだろうし、認知行動療法による現実適応の改善に向けての意識的・前意識的な考え方の修正や対処法や行動の修正が目指されることもあるだろう。また、セラピストとのあいだでのかりそめかもしれない安定を維持するために、積極的に転移性治癒の機序を利用して、外部の対象にセラピストの代わりを探す手助けをすることすらあるかもしれない。このようにして、いつまでも週一回という頻度にこだわる必要がなくなることもあるのである。

したがって、本来の週一セラピーの目標は、単なる表面的な症状の改善や環境の調整や適応の回復だけではなく（もちろんこれも重要なことではあるが）、一歩踏み込んだ支援をおこなおうとすることにあると言えるだろう。例えばそれは、抑うつ状態に陥っていた人が、単に前向きになって元気に明るくなることだけではなく、会社や学校に行けなくなっていた人が行けるようになるだけではなく、その人にとって、人生のそのときに抑うつ状態になったり、会社や学校に行けなくなったのはなぜなのか、抑うつから回復したり、会社や学校に行けるようになることはどのような意味があるのか、などを一歩踏み込んで考えるよう促す支援を含んでいると言えるだろう。

ただ、そのために、たとえ週一回でもカウチを用いた自由連想法をおこなうかどうかについてはさまざまな意見があるようである。カウチを使用し、セラピストがクライエントから見えない位置に座るという構造は、クライエントのより深い退行を促進することから、性的な葛藤など、深い問題を扱い得る、というメリットがある一方で、過度な退行のために、扱いきれずにトラウマの再体験ともなり得るような状況を引き起こすリスクもあるのである。このため通常は、週一の場合は、九〇度あるいは一二〇度などの対面法がとられることが多い（ちなみに私は、一部、特に専門家が個人分析を希望して来談した場合などはカウチを使用したセラピーをおこなっている）。

私は本稿で、これまでの三十年近い実践を踏まえて、上記のような観点から、週一セラピーのアセスメントと適応について論じようと思う。

適　応

まず、適応について考えてみたい。

一部には、病理の重い人に対するときほど、週に四～五回と頻度を上げて面接をすべきである、という意見はあるが、それは病院内など特殊な環境の場合に限られるだろう。

一般には、週四回以上の精神分析療法の適応よりも、週一セラピーのほうが適応の幅は広いと考えられる。それはマネジメントや環境調整を積極的に取り入れているから、つまり状況によっては、覆いを取らない方法を採用、あるいは併用しやすいからである。極端な場合、本人が希望していて、統合失調症が潜在している可能性が少なければ、週一セラピーは誰が受けても良いし、何らかの利益は得られ得る、と言えるかもしれない。それでもリスク（break down のリスクや訴訟のリスクを含む）やコストパフォーマンスを考えれば、適応には一定の幅はあると思われる。いくつか挙げてみよう。

まず先に述べたように、一定の経済力がなければこのセラピーはおこなえない。こうしたセラピーを無料あるいは低料金でおこなうことはあまり勧められない。それは、過度な退行や依存を誘発するからだけではなく、怒りや攻撃性を扱いにくくなるからである（こうしたことまでをも理解し、扱うことができるのならば、たとえ無料でも週一セラピーは利益をもたらし得る。ただし、何も起こらないままセラピーが永続するリスクも伴っている）。

象徴化能力が乏しく、問題を外在化し、行動化（すなわち例えば暴力などの攻撃、過食嘔吐の繰り返しなど）に頼りすぎる人たちや、激しい身体化を伴う人たち、さらにはあまりにも万能的・即時的な解決を求めてくる人たちの適応は、慎重に考えなければならないだろう。一定の料金がかかることで、痛みを伴ってでも自分自身を内的・心理的に見つめ直したいというモチベーションをもっていない人たちを振るいにかけられることが多いのではあるが、逆に、「これだけのお金を払うのだから、何か素晴らしい『魔法』をかけて苦しみを取り去ってくれるに違いない」と錯覚して来られる方もいるのである。

さらに、「人と人との関わり合いで人は変わりうる」という考えを僅かでももてない人たちは適応ではない、と言えるかもしれない。カタルシスやヒーリングを求めてくる人たちや、ハウツーや認知の修正による世渡りの改善やそのための練習を求めてくる人たちには、この週一の構造は必ずしも必要ないであろう。

記述的・計量的な診断は、週一セラピーの適応と必ずしも関連はないのであるが、やはり、統合失調症や双極I型障害、自閉スペクトラムの診断がついている人には、積極的な適応はないと考えるべきである。また、パニック障害や強迫性障害、社交不安障害、うつ病などと診断されている人に対しては、薬物療法や認知行動療法の実証されている効果について十分に説明したうえで、セラピーを受けるかどうかの意思を問うべきであろう。

さて、ここで厄介なのが、いわゆる力動的なパーソナリティの傾向の診断である。例えば、人びとを autistic, schizoid, narcissistic, obsessive-compulsive, hysterical などと分類し、精神分析的なセラピーの適応を考える傾向が昨今は多い。これはある意味妥当なのではあるが、記述的・計量的な診断（妥当性はないかもしれないが、信頼性は高い）とは異なって、このパーソナリティ診断はきわめて信頼性に乏しい。つまり、セラピストによって下すアセスメントの差が大きい。つまり、セラピストによって schizoid や hysterical の意味するところが大きく異なることがあるのである。

後述するように、パーソナリティ診断による適応のアセスメントは、傾向診断よりも、病理の深さの見立てを中心とするべきなのかもしれない。

さて、週一セラピーすらなかなかできない社会経済情勢のなかで、週一セラピーに週四～五回の精神分析療法と同じような深さと純粋さを求める傾向が、一部のセラピストにあることは否めない。つまり、クライエントに転移体験の内在化と言語的象徴化による内省・洞察を徹底的に期待し、そのようなことができるクライエントのみにセラピーの適応があると考えるありようである。これは必ずしも間違ってはいないのであるが、週一セラピーに関しては、従来から多くなされている週四回以上の精神分析療法について長く論じられてきた analysability とは異なる視点が必要だと筆者は考えている。

アセスメント

アセスメントについてはかつて詳述した〔池田 2006, 2008〕。ここでは紙幅の関係から詳細は述べないが、特に週一回のセラピーをおこなう場合に重視すべき点を考察したい。

第一に留意すべきことは、アセスメントは、クライエントが抱えている苦悩を軽減するために有用な範囲で、暫定的になされるものであり、絶対的なものではあり得ないし、レッテル貼りになってはいけない、ということである。以前に筆者〔池田 2006〕が述べたように、フーコー〔Foucault 1972〕をはじめとして多くの論者が、狂気を精神病として個人の「疾病」のなかに閉じ込めようとする理性中心主義への批判をおこなっている。すなわち、本来は家族や社会の問題かもしれないものを個人のなかの「病」とみなし、「診断」「分類」したうえで「治療」しようということは、確かにある意味では「人権」の回復ではあるのだろうが、もしかしたら「科学性」という仮面を被った新たな差別と問題のすり替えなのではないか、という問題提起である。レインやクーパーらのいわゆる「反精神医学」運動はその延長線上にあるのだろうし、ロジャースらのいわゆる（精神医療や心理療法における）「診断不要論」（あるいは有害論？）も、その流れのなかに位置づけられるかもしれないのである。

こうした前提のうえで、私は、まずインテーカーとして、アセスメント面接に導入して良いかどうかを、原則として一回（時には二〜三回）の面接で見極めようとしている。これはその後、私を含めた各セラピストによって、三〜五回程度のアセスメント面接によって深められることになる。ここでおこなわれるのは、一般的な記述精神病理学的な見立てに加えて、以下のような作業である。

クライエントと一定の信頼関係を構築しつつ、関与しながらクライエントの反応を観察し（ここには試しの転移解釈が含まれ得る）、整理していく。実際の手順は、事前の外的な情報を踏まえたうえで、可能ならばYes/Noで答えられない形式、すなわち「ご自分について何でも構いませんのでご自由に語ってみてください」といったopen ended questionで始めることが望ましい。

そうしたなかで、クライエントの語る（主訴の）「内容」と面接の場での（今ここの）反応の共通点を見いだす、クライエントの内省能力・言語化（象徴化）能力を把握する、クライエントの動機やニーズを確認する、といったことがおこなわれる。さらに、それでは足りない部分を補うために、情報の収集や心理検査をおこなう。情報として必要・有用なのは、主訴・動機・経過、これまでの対策、考えうる原因、両親をはじめとした近親者の反応のクライエントなりの推測、最早期の記憶、夢、性生活の発達・内容などを含めた生活史、家族歴などである。

この際に大切なことは、面接のなかで、（主に）クライエントの内的な問題の反映として何が起こっているのか、セラピストや面接の場に何が投影されているか、セラピストはどう影響されて（巻き込まれて）いるか、どのような逆転移感情が起こっているか、といったような観点をもち続けることである。

そのうえで、治療者からのその時点での大雑把な見立てをクライエントに報告し、金銭・時間・援助法の選択など現実的な問題について確認しながら、治療契約を結ぶことになる。

こうして得られた情報を整理・統合・記載する方法として、精神分析学・力動精神医学の領域では、精神力動的定式化 *psychodynamic formulation* という方法論が打ち立てられている。精神力動的評価（定式化）には、欲動評価、自我評価、超自我評価、対象関係の性質の評価、自己の特徴の評価、力動論的-発生論的定式化、さらには、これらに基づいた診断や治療方針の決定が含まれる。

ただ実際は、これらすべてを初回面接や数回のアセスメント面接で把握し、記載することは困難である。当初は、自我の防衛パターンとパーソナリティの病理の深さすなわち発達レベルを把握することで、とりあえずは十分であろうし、それ以上は短期間のアセスメントでは困難である。この点では、McWilliams〔1994〕のパーソナリティを発達の次元と類型の次元の二軸で捉える性格論が、きわめて臨床的で理解しやすい。

上記のような詳細なアセスメントは、むしろ面接を通じて、折に触れて振り返り、クライエントやクライエントとセラピストとの関係についての理解を修正・整理しつづけていくための枠組として捉えるべきだろう。こうした記述的・力動的双方の視点を保ちつづけることは、心理臨床の現場では常に必要なことだと考える。

最後に、かつて私が論文〔池田 2006〕のなかで提示した初回面接の段階で必要な「見立て」の実例として、筆者の実際の初回面接での所見、評価の例を再掲しよう（プライバシー保護のため一部変更修正してある）。

症例一〔三十代女性〕　アイデンティティを確立し始めるべき十代後半に、慢性身体疾患を発症し、それによる自己愛の傷つきを含めたさまざまな問題を心理的に先送りして現在に至っていることに、不全感・抑うつ感を感じているようである。強迫的な傾向も目立つが、明らかな強迫症状はない。

「仕事を変える」「一人暮らしをする」などと外的な問題を扱うことで乗り切ろうとしているが、「どう変えていいかわからない」ので、内的な問題として乗り越えざるを得ないと思い始めているという意味で、動機づけはあると言えよう。ただ、情緒を切り離したような報告が目立つので、ここでも自分を出して否定される心配があるようだ、と解釈をしてみたが、それで連想が広がることはなかった。

自己愛の傷つきと、それによるアイデンティティの問題は深刻だが、現実検討は保たれており、病的防衛も目立たず、衝動的になることもそうはないようで、病理は神経症水準か高位境界例水準に思える。ただし、適応や予後をみたてるためにも、ロールシャッハなどの心理テストを併用した方が無難であろう。

症例二〔四十代女性〕　出産直後の母親の自殺、クライエント自身の抑うつによる入院、そのためにできなかった育児の償いという意味のありそうな仕事での新たなトラウマ、など次々とトラウマが重なり、それを十分に乗り越え切れていないようである。

幼少時の話は聴取できていないが、何かトラウマティックであった可能性がある。しかし、boundary が脆弱。服薬内容からは主治医の見立ては異なるのかも知れないが、クライエントの言う「視線恐怖」は、自分の視線が人を傷つける、という確信に基づいている。ただし、自分の目つきがおかしいのは、心理的な問題だという思いはあるという。さらに詳細は聴取できていないが、かなりの強迫症状もあるようである。

怒りが自分に向いて罪悪感となったり、他者に向いて「自分の目つきが悪くて人を傷つける」という確信になってしまう、とは理解できそうである。

面接時の距離感は、思わずこちらが引いてしまいたくなるほど近すぎる印象である。

実際、周囲の人びとに過度な期待を向け、思ったように応えてもらえずに、相手を脱価値化したり、自分の「悪い視線」のせいにする傾向が強い。これが、セラピーでも再演される可能性が高そうである。しかも修正できないほど強固な（妄想的）確信として現れる可能性もある。主治医の紹介状を参考にしたうえで、受け入れを検討すべきと考える。

クライエントには、「相手に過度な期待を向け、かなえられずに幻滅する可能性が高い」「乗り越えられない傷付きや罪悪感がさまざまな症状の原因になっている可能性が高い」と、伝えた。力動的な心理療法の導入は慎重にすべきであろう。

おわりに

初回面接では、得られる所見はこの程度のものである。症例一は比較的病態水準が軽いケース、症例二は重いケースである。重いケースでは、記述的な色彩が強くなる傾向があることがわかるだろう。当然ながら、セラピーについての知的理解や動機づけが不十分だったり、中心的な不安が破滅不安や分離不安で、抑圧を中心とした比較的成熟した防衛がほとんど使えず、他罰的で行動化や身体化が中心のケースの場合には、週一回の構造化したセラピーの導入は慎重であるべきである。

これは、定型的で記述現象学的な精神的現在症の記述でも、力動的定式化でもない。しかし、両者の考え方を取り入れたクライエント理解の第一歩である。山中〔2001〕も言うように、「当初はぼんやりとした方向性なり、診断範疇の大きなクライス（定位圏）を見ておくことができればいい……ただ、いわゆる病態水準だけは……初回段階において検討をつけておくことが望ましい」と言えよう。面接が一回で終わる可能性も視野に入れたうえで、こうしたごく初期の見立てから始めて、アセスメント面接、心理検査、治療面接などを通じてさらに見立てを深めていくことが求められる。一方で、逆説的ではあるが、心理療法家としての治療的な姿勢、例えばビオン〔Bion 1967, 1970〕のいう no desire, no memory, no understanding（欲望しないこと、忘れること、理解しないこと）といった姿勢を保ち続けることも必要だろう。

Bion, W.R.（1967）Notes on Memory and Desire. Psychoanalytic Forum 2, 271–280.
Bion, W.R.（1970）*Attention and Interpretation.* Tavistock Publications.
Foucault, M.（1972）*Folie et deraison : histoire de la folie a lage classique, Plan.*（1961）; Gallimard（1972）. 田村俶訳（1975）『狂気の歴史』新潮社.
池田政俊（2006）「心理療法における実践的『見立て』について」帝京大学心理学紀要 10, 11–26.
池田政俊（2008）「心理臨床におけるパーソナリティの『見立て』」帝京大学心理学紀要 12, 33–50.
McWilliams, N.（1994）*Psychoanalytic Diagnosis : Understanding Personality Structure in the Clinical Process.* The Guilford Press.
成田善弘・神谷栄治・北村婦美訳（2005）『パーソナリティ障害の診断と治療』創元社.
山中康裕（2001）「初回面接においてめざすもの」『臨床心理学』（一–二）金剛出版.

第五章

治療経過とターニングポイント

村岡　倫子

はじめに

私が精神分析的精神療法を志し実践するようになり、かれこれ三十年が経とうとしている。次第に私のなかでは、治療関係の動きや患者が変化していくその機序をもっと理解したいという意欲が芽生えてきた。そして二十年くらい前に私は、ある患者との治療経過のなかで、患者そして治療関係が急激に変化する局面を体験した。さらにそのすぐあと、偶然にも私は、自分が体験したのと同様の変化に関して〝ターニングポイント〟と名づけ考察した論文〔Bohm 1992〕を、海外の精神分析の雑誌に見出したのだった。

そこから私は、自分の治療体験とこの論文の主張とを対話させながら、自分なりのターニングポイント論を生み出す作業を始めた。そして私は、ターニングポイント三部作とでもいえる三つの論文〔村岡 2000, 2005, 2006〕を生み出すことができた。注目すべきは、それらの論文でとりあげられた治療はどれも週一回対面法によるものだったことだ。さらに、振り返って検討すれば、ターニングポイントが生じていたと考えられる以前の別の治療も、同様の面接設定であった。そこで今回、私は、週一回の精神分析的精神療法の特性を〝ターニングポイント〟という視点から考察してみる。

臨床素材

【具象的に物を捨てることで心的内容を排除していた強迫症者Aとの精神分析的精神療法】

この治療経過は、第一論文「精神療法における心的変化――ターニングポイントに何が起きるか」〔村岡 2000〕の臨床素材となったものである。そこでは患者からの質問をめぐって治療者が能動性を発揮した局面が〝ターニングポイント〟となり、以後、患者が内界を豊かに言語化するという変化を生じた。この論文は「はじめに」でも述べたように、私自身の臨床経験が積み重なり前意識的に思考されていたことが、Bohm の論文〔1992〕に出会うことで結実したものである。彼はターニングポイントを「新たな予期せぬ部屋の新しい扉が開く瞬間」に、そして私は「治療者・患者の双方に予期せぬ驚きをもった出会いが生じる局面」「立ち込めていた霧が晴れる瞬間」と表現している。まさにこの論文の執筆自体が、治療者としての私のターニングポイントとなったと言えよう。

患者Aは二十歳代の未婚女性。五年来の強迫症状を患い、日常生活に支障を来たしていた。Aは、「汚い」と感じると、そのとき身につけていた物を何の違和感もなくすべて捨ててしまうのだった。

週一回対面法の治療の初期半年間、Aは強迫症状の訴えを沈黙することなく続けた。そしてAは『先生も三年で良くなると思ってやっているし、わたしもそう思ってやっている』と何の違和感もなく連想した。Aは私とのあいだの迫害的不安を、私をAが勝手に決めつけ思い込んだ「治療者」と一体の世界から締め出すことによって防衛していたのである。それでも私は、可能な限り「今ここで」の文脈におけるAの不安を解釈するよう努めた。

こうして約一年間、緩徐な変化が進行していった。すなわち、私との一体化が緩和し分離している感覚が芽生え始めた。例えば、自分の感じていることについて治療者がどう評価するか気にするようになった。また、物を捨て去ることへの違和感も抱くようになった。一年半が過ぎた頃、Aは『今の自分の状態について先生に聞いてみたいが、答えてもらえなかったら不満だし……』と、質問したい気持ちの高まりと拒絶されたときの怒りに言及した。このとき私は、Aが質問しようとしている背景には、Aが両者の違いを認めたうえで、私に対して自分を出してみるというきわめてパーソナルな無意識的動機が孕まれていることを直観した。しかしそれから半年のあいだ、Aは実際に質問をすることはなかった。私は性急に質問をめぐるやりとりにこだわることなく、「自分を出すこと」にまつわるさまざまな不安を解釈していった。

そして治療開始二年が過ぎようという頃、とうとうAは質問した。私はAの成長を喜ばしく思うと同時に「患者の質問に直接答えることが悪性の退行を生じさせてしまうのではないか」と当惑もし、どう応じることが真に治療的なのか、との熟考を迫られることになった。そして、「治療者と一緒に知りたい」という発達的動機に応じることで、治療者という分離した対象との治療同盟の兆しをさらに育むことにもなると考えるに至った。

こうして私がAの質問に答えて以降、Aとの治療は急速な展開を見せた。すなわちAは、家族との関係を含めた自分の内面について急速に語るようになり、みずからの空虚感を明確に実感するようにもなった。加えてAは、展覧会に出向き係員に質問するなど、私とのあいだで体験したことを治療場面外でも再現するようになっていった。

この論文で私は、精神療法過程が緩徐な変化と急激な変化の二つの局面から構成されることを明確化し、急激な心的変化の局面を〝ターニングポイント〟と呼んだBohm〔1992〕の主張を基盤として、以下のような考察をした。

すなわち、①ターニングポイントは予測不能な出来事であり、治療者はこれに対し開かれたこころをもつことが重要である。②ターニングポイントが生じる前には、患者からのある働きかけによって治療者の内界に予測不能の動揺や困惑が生じる。そして、「治療者が患者のはたらきかけに込められた関係修復的意図や発達的動機を共感的に読み取ることができた、まさにそのとき、患者がそのことを察知する」というきわめて相互的交流が生じターニングポイントがもたらされる。③ターニングポイントにおいては、治療者・患者の双方に予期せぬ驚きをもった〝出会い〟が起こり、新たな認識や視点が生じる。そしてこの局面では、治療者は患者によって転移性の歪曲を被った対象から現実の新しい対象として認知される。④ターニングポイントにおける「新たな体験」の質は言語的・洞察的ではなく前言語的なこともあり、治療者と患者のあいだで暗黙のうちに共有される。

【対人緊張を主訴とした三十歳代の独身女性Bとの精神分析的精神療法】

これは第二論文「精神療法における心的変化――ターニングポイントと治療契約」〔2005〕の臨床素材となったものである。自虐的自己愛的人格と考えられる女性患者Bの治療開始三年、経済的困窮状態に瀕して治療費の値下げに至る局面を経て、急激な心的変化が生じた。そこで私は「ターニングポイントはどのようにして起きるのか」という点について考察し、その鍵要素として治療構造の重要な要素のひとつである「治療契約」を抽出し、「治療者患者双方の治療契約にまつわる現実認識の変化」に注目した。

本論に登場する患者Bは、年来の対人緊張を主訴とした三十歳代の独身女性である。支配的な父への強い同一化と服従の人生を送っていたが、父親の死後は、抑うつ的で引きこもりを続けていた。

治療が始まると、予測されたように、かつての父親とのマゾキステックで服従的な関係が私とのあいだに展開し、私はBの超自我不安とその防衛を「今ここで」の文脈で理解し、繰り返し解釈する作業を続けた。こうして一年間、Bは徐々にではあるが、治療場面内外で自己主張することも可能になった。

しかし一方で私は「治療が一見展開しているようだが、Bの連想が広がりに欠ける」といった漠然とした違和感も抱くようになっていた。こうした一面的で広がりに欠ける傾向は、理想化に基く私との対象関係からの撤退、対象への関心の狭窄にも共通することを私は理解した。しかし治療状況には何の変化も生じず、私は次第に身動きのとれぬ不自由さ、触れ合えなさ、停滞感、不毛感を抱くようになっていった。

こうした状況は、治療開始三年の頃、Bが経済的困窮を理由に治療回数の削減を申し出たことを機に、急速な展開を迎えることになった。私はBの申し出に当惑もしたが、Bが経済的困窮という現実を治療に持ち込むのがいかに困難であったか、そして私自身もその現実に対する認識が麻痺していたことに、気づくことができた。さらに私はさまざまな物思いの末、その現実のもつ象徴的な意味、すなわちBが父親との理想化された万能的世界に安住できなくなりつつあること、ひいては私との人任せな暗黙の了解に基く治療関係をも断念せざるをえなくなっているということを理解した。そして私はBの言動のなかに、父親や私との理想化された万能的関係から出立しようという発達的動機を汲みとるに至った。

思案の末、私は、Bのこの発達的動機に応じることが治療的であると判断し、一回の治療費を値下げをクリニックに管理者に交渉し許可を得て、毎週の治療を継続することが可能となった。この一連の出来事を経て、Bは治療者任せにしない自発的な態度を示すようになり、私のなかでは自分が自由な感覚やBと生き生きと交流しているという感覚が生じたのである。

私はこの論文において「ターニングポイントはどのようにして起きるのか」について、まず精神療法過程における緩急の心的変化の不連続性を指摘したうえで、治療者患者双方の治療契約にまつわる現実認識の変化に注目し、以下のような考察をした。①先の論文で治療者の予測可能な過程とみなした緩徐な変化の過程には、予測可能な過程のみならず、治療者が図らずも巻き込まれていく予測不能の過程との両方がある。②治療関係は、開始当初の契約に基く「現実的・合理的」関係から、「暗黙の了解」に基く自他の区別の不鮮明な自己愛的万能的治療関係へと展開し、そこでは、契約にまつわる現実や限界の認識とそれについて象徴的に思考する治療者の能力が排除されていく。③治療契約にまつわる現実的事柄（この論文では治療費や頻度）に関する患者からの申し出に孕まれる転移関係における象徴的意味合いを治療者が理解することを経て、契約にまつわる現実認識が治療者患者双方に共有されるとき、すなわち治療関係における「三者性」が回復するとき、両者は分離した「当事者」として出会い、ターニングポイントがもたらされる。

【身体化傾向を伴う慢性抑うつを呈する二十歳代の独身女性Cとの精神分析的精神療法】

これは私にとって精神分析的精神療法第一例目の治療である。そこでは、私の転勤に伴い治療の場が移動したが双方がその喪失体験を否認しあうことで、治療の膠着状態が生じた。そして私と患者の双方が、治療の場の移動という喪失体験のモーニングワークに取り組めるようになる局面が、この治療経過の大きな転機となった。つまり、対象喪失の相互否認からの脱出の局面が、私が主張してきた〝ターニングポイント〟とみなせると考えた。

患者Cとの治療は、当時私が勤務していた大学病院で始まり、至って順風満帆に進行した。Cは私を理想化し、みずからも理想的な患者として内省的連想をし、徐々に自己主張的な面も見せるようになっていった。治療開始一年が過ぎた頃、私は単科の精神科病院に転勤することになり、Cはそこでの治療継続を希望した。

治療の場が変わってしばらくすると、Cは遅刻をすることが多くなり、身体不調を訴えるなど、それまでの内省的姿勢は影を潜め治療は膠着状態に陥った。私は何とかこの局面を乗り切らねばと、治療の場が変わったことと不調を結びつけて解釈したが、いっこうに事態は好転しなかった。この膠着状態が転機を迎えるのにまず必要だったのは、私自身が転勤という自分自身の喪失体験についてモーニングワークを営む心的空間を取り戻すことだった。私は内省作業を経て、自分が転勤をめぐるさまざまな不安に対して

「しっかりしなくては」と反動形成を用いて防衛していたことに気づいた。そうしたとき、さらに私のなかで形をなしていったのは、この間の現実的な出来事の象徴的意味だった。実のところCにとってこの治療の場の移動は、過去の外傷的体験の再現であったのだ。すなわちCは祖父の寵愛を弟の出生によって失っており、母親はその傷ついたCに対して「しっかりせよ」という態度をとっていたのだった。つまり、私は投影同一化によってCの母親の役割を取らされていたというわけである。

かくして私は、この間の出来事の意味を咀嚼することができた。治療の場の移動によって、私もCも大学病院という「理想化された手のひら」を失うことになった。私は自分自身が新しい環境に適応するのに精一杯で、みずからの喪失体験を咀嚼できずにいた。またCもその辛さに直面することができず、苦痛な内的体験は遅刻や身体化といった具象的水準の行為に置き換えられて治療場面に表されていた。このように二人は、喪失体験について相互に共謀して否認していたといえる。

興味深いのはこの内省作業の過程で、私の脳裏にそれまで二人のあいだでうやむやにしていた「身体医への紹介状」の件が思い起こされたことである。それは以下のようなことである。治療の場が移るに際して彼女から述べられた不安は、「もし身体の調子が悪くなった時、同じ病院で診てもらえない。心療内科に通っていると言うと、『精神的なもの』と言われてしまう」というものであった。そこで私はその不安を軽減すべく、彼女が身体医を受診する際に「身体的精査をよろしく」といった旨の紹介状を用意しようと提案し、彼女もこれに同意はしていたのである。しかし実際には、移動に際し用意されないままになっていたのだった。すなわちこの紹介状は、外的には「総合病院でないところで治療することになった」という現実、内的には「すべてをお任せできる万能的治療者との関係を失った」という現実の両方を象徴するものと考えられる。私はいかに二人が喪失の痛みを味わうことを回避しようとしていたかを実感した。こうして私は、身体医への紹介状の件が扱われぬままになっていることをCに直面化することによって、治療契約にまつわる現実的事柄を治療場面に参入させることが可能になった。これに対しCは、すべてお任せできる診療所の代わりと感じていた大学病院での治療を失い、「本当は嫌だと思っていても認めるのが嫌で考えないようにしていた」ことを吐露した。以降、急速に二人の分析過程は、生産的なものとなって回復した。

この治療で厄介だったのは、治療の場の移動という喪失体験が患者の過去の喪失体験の反復となり、私がそこに巻き込まれたことに加えて、この現実が私自身の喪失体験でもあった、という点であろう。治療状況の麻痺状態として治療者が巻き込まれていく過程と、自分自身の喪失体験とを別個のものとしてそれぞれに咀嚼する作業を必要とした。こういった治療者自身の作業を経て初めて、治療者は内的自由を回復し、投影同一化の優勢な渾然一体とした治療関係に「第三項」を参入させることが可能となり、〝ターニングポイント〟がもたらされると再確認した。

考察

週一回の精神分析的精神療法の特徴

われわれがおこなっている分析的志向性をもつ精神療法のほとんどは、精神分析的精神療法（週一回）である。すなわち私たちは、自分たちが実践している治療は精神分析に源を発してはいても、そのものではないということの自覚をはっきりもつことが重要であると考える。両者の相違に関する議論は、これまでにもなされてきた。私がいちばんの違いとして注目するのは、精神分析的精神療法の目的が「症状の緩和・困難の軽減」だということである。これに対して精神分析は、「症状・無意識的幻想・発生論的発達の全面的探索」である。つまり患者がある程度良くなっているという手応えや希望を抱きつつ、治療者と共に内的作業を進め、ある一定期間のうちにそれなりに患者の満足できる成果を収めることが治療者には求められているのだ。

また、週一回の治療を複数回のそれと比較したとき、治療外の現実の要素が大きく作用し、転移・無意識的幻想といった内的力動を生き生きと扱うのが困難であるという難点がある。だからこそ、その困難を如何にクリアしていくかが、週一回の治療の醍醐味ともなるのだと私は考えている。そこで私が注目しているのが、「生きた転移」が宿る場としての、治療構造にまつわる現実的要因である。そのことについて、以下に述べることにしたい。

ターニングポイントをもたらす要因と治療構造

さて、先に示した三例の治療経過にみられた三つのターニングポイントは、いずれも「患者から治療者への質問」「治療費の値下げ」「身体医への紹介状」という「治療契約にまつわる現実的事柄」をめぐって生じており、私には非常に興味深く感じられる。そのいずれもが治療関係に「治療契約にまつわる現実的事柄」が持ち込まれることによって、「三者性」が回復し治療者・患者が同盟関係にシフトすることでターニングポイントがもたらされている。

ここではさらに、「治療契約にまつわる事柄」がターニングポイントをもたらす契機となる背景について、小此木のいう「治療構造論」の観点から考えてみたい。彼は、治療構造論は特定の治療構造を厳しく守ることだけを意味するものではなく、むしろそれは「治療者の意図を超えて与えられるか、治療者・患者間に気づかれないまま形成されている治療構造を認識し、その意味を吟味したり、治療者が意図的に守ろうとしている治療構造が偶発的ないし一時的に破綻したり、あるいは意図しない要因がそこに介入したりする場合に、そこにどんな新たな治療関係が展開するかを理解し対応する技法などを含んでいる」と述べた。さらに彼は「治療構造は治療者と患者が共有している『今ここで』への状況分析的なかかわりをもつうえで、きわめて重要な共有された現実の意味をもっている」とし、「治療構造は一方では外的現実なのだが、同時に他方では治療者と患者双方にとっての内的なものが結びついたり、両者のあいだに心的なものが通い合ったりするときの大切な媒体（メディア）になる」とも述べた。私は治療構造の重要要素である「治療契約にまつわる事柄」が、ターニングポイントを生じる契機となる所以はまさにその点にあると考える。

つまり、治療経過中に投じられた「治療契約にまつわる事柄」をめぐっての治療者と患者との現実的なやりとりは、内的な転移・逆転移関係のありように直接的に影響を波及させる。「予期せぬ驚きを伴った出会い」も、そうした転移・逆転移のパラダイムの急激なシフトによってもたらされるものと考えられる。そして重要なのは、これらの出来事の象徴的意味を治療者がまず見出し、患者とのあいだでワークスルーしていく作業なのであろう。

治療者に求められる機能

さて、では、治療契約にまつわる現実的事柄に注目し、その象徴的意味合いを見出し力動的に介入していくうえで、治療者にはどのような機能が求められるのだろうか。そこで私が注目するのは、治療者の「中立的主体的能動的態度」である。すなわち防衛的にならず、予測外のことが起きることにオープンでいられ、介入の機を逃すことがないあり方である。治療者はともするとみずからの万能感に密かに絡めとられ、現実感覚を麻痺させてしまうことがある。限界を知ること、みずからの万能感についてワークスルーすることが、治療者には必須だと私は考えている。

おわりに

〝ターニングポイント〟論から見た週一回の精神分析的精神療法について述べた。我が国でおこなわれている精神療法のほとんどが週一回であるという現実を見据えたとき、より多くの臨床経過を素材としてその独自性や有用性を見出していくことが求められていると考える。本稿がその一助となれば幸である。

Bohm, T.（1992）Turning points and change in psychoanalysis. Ineternational Jurnal of Psychoanalysis 73, 675–684.

村岡倫子（2000）「精神療法における心的変化――ターニングポイントに何が起きるか」精神分析研究 44（4,5）, 82–92.

村岡倫子（2005）「精神療法における心的変化――ターニングポイントと治療契約」精神分析研究 49（2）, 16–27.

村岡倫子（2006）「精神療法における心的変化――ターニングポイントとしての終結期のとば口」精神分析研究 50（1）, 47–57.

第六章

子どもと思春期

生地　新

子どものサイコセラピーの現場

子どものサイコセラピーも「密室」でおこなわれている。そこでどのようなやりとりがなされているかを詳細に知るためには、セラピストになる訓練を実際に受ける必要がある。しかし、その雰囲気を伝えるために、ここで短いセッション場面の記述を提示したいと思う。

小学校低学年の女の子Aが、児童福祉施設のセラピールームのドアを開けてやってきた。図書室として使われていた部屋をサイコセラピー用に使っている広い部屋である。ぬいぐるみやパペットや人形、車や電車、折り紙や粘土や画用紙、そして箱庭などが置いてあった。ボーイッシュな女性のセラピストが「どうぞ」と声をかけるが、Aは黙って周りを見渡して、人形が置いてある棚の前で立ち尽くしてしまった。

セラピストが、イルカと豚のパペットをつけ「こんにちは。はじめまして。よろしくね」と言うが、Aは下を向いて黙ったままだった。セラピストが「ドキドキしてるかな」などと声をかけるが、Aは三〇分ほど固まり続けた。それから、Aはおずおずとペンギンの親子のパペットを両手につけ、無表情のままパペットの頭を下げる。「こんにちはと言ってるのかな?」とセラピストが聞くとパペットを頷かせる。「こんにちは。はじめまして」とセラピストが言うと、またパペットを頷かせる。そして終わりの時間が来た。Aは回を追うにつれて、自分のなかにある人と関わりたい気持ちや攻撃的な気持ちが遊びのかたちで表現するようになっていった。

子どものサイコセラピーというと、子どもとセラピストが楽しそうに一緒に遊んだり、おしゃべりをしたりしている姿を想像するかもしれない。そんなふうに楽しそうに見えることもあるのだが、不毛で単調な「一人遊び」が繰り返されたり、沈黙の時間が続いたり、セラピストを無視したり、セラピストをいじめたりといった、さまざまの局面があるのが普通である。遅刻したり、来られなくなったりする子もいる。

そうしたことすべてが、その子の内面の世界や人生についての態度の反映である。言い方を換えると、その子がセラピストをどのような存在と感じて、どのように関わろうとしているかを表しているのである。冒頭の場面で、Aは自分のなかにある人と関わりたい気持ちと人を攻撃したくなる衝動とのあいだで板挟みになり、文字どおり、身動きがとれなくなっていたのかもいしれない。自分のなかにある気持ちを表現したら、どんなことになるのか心配なのかもしれない。彼女は、単に緊張のあまりに固まってしまったのではないだろう。実際、彼女は自分がセラピストと遊べることをとても楽しみにしていたのである。しかし彼女は、楽しいはずの時間に、どういうわけか三〇分間も立ち尽くすことになった。それは普通のことではない。

セラピストは、その子の内面にある深いレベルの葛藤や乳幼児期の体験に基づく病理を、今ここでの関わりのなかで体験し、理解し、そしてわかりやすい言葉にする必要がある。そして、子どものサイコセラピーであっても、時間的な設定がしっかりしていることと、自由な表現が保障されることが求められる。子どもの場合も、条件付きではあるが思春期の場合も、週一回という設定で、「転移」を扱い、内面の世界を理解していく精神分析的サイコセラピーが十分可能であると私は考えている。

子どもと若者のサイコセラピーの現状と私の立場

わが国において、医療、教育相談、福祉などの分野で、子どもや思春期の若者に対するサイコセラピーの多くは、週一回あるいは隔週一回のペースでおこなわれてきた。週に複数回のセラピーの実践は限られていたし、子どもや若者に週四回以上の頻度の精神分析がおこなわれることは、さらに稀なことだと思われる。

わが国では、週一回の治療の頻度を確保することさえ、さまざまな困難に出会った来たし、今も状況は変わっていない。医療現場においても、その他の子どもの臨床の場、例えば、児童相談所や教育相談施設や児童福祉施設においても、月一回や隔週の頻度のサイコセラピーしか提供できない場所が、意外に多いのである。多くの場合、その機関の人手不足や通院・通所の距離、塾や部活動などが、そのような設定にする理由と考えられている。つまるところ、サイコセラピーの優先順位は低いのである。

子どもと若者の個人サイコセラピーの実践において日本のセラピストが依拠する学派は、広い意味のフロイト派の精神分析の他に、ユング派やロジャース派（人間性心理学）、それに認知行動療法などがある。このうち、精神分析に基づくサイコセラピーは、医療や開業心理オフィスでおこなわれることが多く、近年、児童福祉施設や教育相談機関や学校などでも実践されるようになっている。かつては、教育相談の現場では、関西がユング派、関東がロジャース派に依拠するセラピストが多かった。精神分析に基づくサイコセラピーの場合、面接の方法として、子どもは描画を含むプレイを用いることが多く、思春期になると言葉を介した面接に移行していくが、その子ども（若者）の病態や発達の水準に応じて柔軟に方法が選ばれてきたと思われる。セラピストの役割は、臨床心理士などの心理職が担うことが多いが、精神科医や看護師が担うこともあった。

私自身は、精神科医療のなかで、子どもや思春期の患者と出会い、そこで自分がセラピストとなることもあったが、現在では管理医やスーパーバイザーになることが多くなった。医療の他に、児童福祉施設の現場や大学の心理相談室のケースを指導・助言することも増えている。その経験のなかで、子ども及び若者の週一回程度の頻度のセラピーにおいても、精神分析的発達理論による理解と転移逆転移などの治療状況の理解が有用だと実感している。

私はケースによっては行動療法や応用行動分析と呼ばれる方法を取り入れることもあるし、システムズ・アプローチによる家族理解を用いることもある。しかし、精神分析理論やそれに基づくセラピー抜きに子どもや若者の臨床はできないと感じている。子どもや若者が段階的に精神発達を遂げていく一方、こころの奥底には乳幼児期からの発達段階に応じたこころのあり方が生き続けており、そのことを理解することによって、子どもの行動上の問題や親子関係の問題が理解しやすくなると私は考えている。そして、子どもや若者の転移は見えやすく、把握しやすいので、週一回のサイコセラピーでも、週に複数回おこなわれる精神分析の方法がかなり使えるだろうと思っている。

一方、まだ社会的に自立していない子どもや若者の場合、親などの保護者の了解の下でサイコセラピーがおこなわれるのが原則で、その点で、個人対個人の契約が基本である成人のサイコセラピーとは違った配慮が求められる。本章は、文献の引用は最小限に留めて、私自身のサイコセラピーの経験や私のスーパービジョン（サイコセラピーについての個人指導）の経験に基づいて、子どもや若者における週一回のサイコセラピーの有用性や限界について述べたいと思う。

私自身の依って立つ精神分析理論はひとつの学派ではなく、私は、自我心理学、中間学派、クライン派など複数の学派の理論を折衷的に用いていることもお断りしておきたい。

子どもの週一回のサイコセラピー

頻度について

子どものこころの動きは速く、子どもにとっての一日は、大人にとっての一週間であったり一ヵ月であったりするかもしれない。そう考えると週一回のセラピーは頻度が低いという考えもあるだろう。その一方で、週一回あるいは隔週のセラピーでも子どもは前の回のことをよく覚えていて、そのあいだをつないでいく力をもっていることが多い。私の経験からは、週一回のセラピーには、子どもの情緒発達の停滞を解決し、他の子どもや大人との関係性を変える力が十分にあると言える。

子どものセラピーは、セラピスト（分析家）とクライエント（被分析者）のあいだに精神分析の方法についての一定の理解があり、自分自身を深く知るためにおこなうという目的が共有されている成人の精神分析や精神分析的サイコセラピーとは違っている。多くの場合、親と子の両方が、そこまでのしっかりした覚悟をもって相談に来るわけではなく、週に複数回の設定は実施が困難である。何曜日の何時に毎週という時間設定は、塾や習い事、通級指導など、多くの親子にとって馴染みやすい設定であるし、忘れられることも少なく、過大な負担にもならないという意味で、適度なものだと思うのである。

以上のように考えると、一般的な臨床の現場では、週一回という設定が親にとっても子どもにとっても適度な頻度と言えるだろう。ただし、重い病理をもっているケースや週一回では治療的なつながりが維持しにくいケースでは、週に複数回のサイコセラピーを考慮する余地は残しておきたい。一方、隔週や月一回のサイコセラピーでも意外に子どもは前のセッションのことをよく覚えているし、一定の効果はあると思う。しかし、週一回程度の頻度がないと、治療の流れを感じ取りながら子どもがこちらへ向けてくる感情や空想（転移）についての理解を伝える精神分析的サイコセラピーをおこなうのはかなり難しいと言える。

子どもの精神分析的サイコセラピーのプロセス

子どもの精神分析的サイコセラピーは、対話だけではなくて遊びや描画を媒介とすることが多い、という点では大人のサイコセラピーと異なっているが、治療のプロセスという点では共通しているかもしれない。

初期の段階は、波長合わせの動きと並行して、その子どもの抱えている葛藤のパターン（テーマ）が提示される。トラウマ体験が遊びや描画のなかで表現されることも多い。これらの動きは、無意識的な自己紹介とも言えるかもしれない。やがて、遊びのなかの登場人物としてセラピストが取り込まれる場合もあるし、治療への遅刻やキャンセルや退室しぶりなどの枠組を揺るがすような動きも生じてくる。「いないいないばあ」や「かくれんぼ」のような遊び（ドアの影にかくれる、机の下にもぐる、トンネルをくぐるなど）を繰り返したり、きらきら光るもので遊んだり、宝探しをすることもある。

遠慮が消えると、セラピストをいじめたり、文句を言ったりすることもある。これらは、転移と広い意味の逆転移が展開していく際の動きである。このような子どもの側の動きについてのセラピストの理解を言葉で伝える（転移解釈）ことで、子どもの遊びや言動が変わり、子どものこころの動きがさらにわかりやすくなっていく。解釈のときのこつは、子どもの対象希求や治療への建設的で陽性の感情と、子どもの怒りや攻撃性、あるいは治療関係を壊したくなる気持ちなどの、破壊的で陰性の感情の両方を包み込んだ解釈をこころがけることである。例えば「毎週のこの時間を大切にしたい気持ち」と「時間が来ると見離されたように感じて、腹が立つので、休んでしまいたい気持ち」の両方を指摘することが大切である。サイコセラピーの対象となるような子どものこころは、分裂していたり、バラバラになっていたりすることが多く、一部分だけへの解釈は、こころの統合につながりにくいのである。今ここの場で展開している「転移」の解釈によって、子どもたちは、過去の体験を当時抱いた感情も含めて想起することもある。週一回のセラピーでも、解釈を通じて、セッションとセッションがつながるようになり、子どもは自分のこころの動きを理解できるようになり、相手を傷つける怖れや相手から否定される不安が軽減し、自分の気持ちを身近な人に伝えることもできるようになる。

治療の終結は、子どもの現実適応状況が改善し、子どもの生活のなかでのセラピーの優先順位が下がる頃に、子どもの側から治療の終結を求めて来ることが、きっかけになることが多い。進学や転居などの現実的な理由で中断となることもあるだろう。子どものなかには、深い病理を抱えていて、治療の成果やセラピストとの信頼関係を壊すようなこころの領域をもっていて、それが中断の動きにつながることもある。このような場合は、サイコセラピーの設定を守りながら、根気強く中立的に破壊的なこころの領域の動きと前向きのこころの領域の動きについて解釈を続けていく必要がある。

いずれにしても、「治療から離れたい」という子どもや親の側の希望は尊重しながらも、よく話し合う必要がある。子どもは親への配慮や自分のこころのなかの病理のために十分な成果が上がらないうちに治療を中断させたくなることもあるからである。親はサイコセラピーの成果を嫉むような気持ちから早めに治療を辞めてしまうこともある。可能ならば終結の時期を三ヵ月先、あるいは学年の終わりなどに設定して、サイコセラピーを終えることをめぐる気持ちや、現在までに達成できていることなどについて話し合う方がよい。また、治療終結の半年後や一年後などにフォローアップ面接を設定しておくと、その時点でサイコセラピーの効果が持続しているか、その子どもの発達が順調に進んでいるかを、ある程度知ることができるし、治療を再開する必要性を検討する機会にもなる。

養育者への配慮

子どものサイコセラピーの場合、その子を養育している人が費用を負担することも多く、送迎を必要としているので、養育者の理解と協力は必須である。原則として、子どものサイコセラピーでは、その子を育てている大人（親）の面接も設定したほうがよく、親面接者と子どものセラピストが、その子どもの病理と発達についての理解を共有することが望ましい。親面接は、一般的には、親自身の病理は扱わずに、子どもの発達上の課題や子どもの抱えているこころの問題への理解をしてもらうためと、子どもとの接し方への助言をおこなうためにおこなわれることが多い。親ガイダンスと呼ばれることもある。ただ、親自身が深い病理をもっているときには、親自身が自分のためにサイコセラピーを受けることや精神医学的治療を受けることを、セラピスト側が勧める場合もある。

それから、親の子どものセラピーへの複雑な思いをセラピストは知っておく必要がある。例えば、子どもが親にこころを開かない場合や親子のあいだの陰性感情が問題になる場合に、子どもがサイコセラピーを楽しんでいるように見えたり、セラピストを信頼しているように見えることは、親にとっては悔しかったり腹立たしかったりすることがある。それを察知した子どもが、セラピーに行っても楽しくないと親に話すこともある。あるいは、親がセラピストに嫉妬したり、自分の接し方が悪いのだと自分を責めたりしてしまうこともある。このようなときには、子どものこころのなかでは、セラピーのセッションが「良い世界」、家が「悪い世界」というように分裂しているという理解が役立つこともあるだろう。親には「親だからこそ、子どもはマイナスの感情を出したり、本当は構って欲しいのに背を向けたりすることがある」ということを伝えると良い場合もある。

思春期の週一回のサイコセラピー

思春期のサイコセラピーの特徴と留意点

思春期、特に中学生年代の思春期の真っただ中の子どもは、個人サイコセラピーに導入しても乗り気でないことや長続きしないことが多い。若者は、自分の身体の変化を受け入れながら、仲間の助けを借りて親や大人への依存から脱却するという課題に直面している。大人と狭い空間で向き合うことは、異性のセラピストと話す場合は、性衝動を自覚することにつながるので抵抗感があるし、同性のセラピストだとしても、大人に自分の弱みをさらすことは避けたいと若者は感じることも多いのである。学童期にサイコセラピーを始めていた場合でも、思春期に入るといったん治療が中断となることが少なくない。そして、個人サイコセラピーには葛藤的な若者も集団精神療法の場をうまく活用できることが多いものである。思春期に個人サイコセラピーをおこなうときには、この点を考慮した方がよい。

しかし、中学生や高校生に精神分析的理解に基づくサイコセラピーをおこなって成果をあげることもある。どういう場合に精神分析的理解に基づく個人サイコセラピーが適用できるかについて、私は十分な経験とデータを持ち合わせていない。印象としては、やや発達に遅れがあるか軽度の発達障害の傾向がある若者は、意外に週一回の設定の個人サイコセラピーに乗ることがある。それから、思春期に支持的に面接をしていたケースや親子同席で診察をしていたケースで、急に転換症状や解離症状などの神経症的な症状を示したときに、改めて、新しいセラピストのもとで個人サイコセラピーを始めてもらうことで成果をあげることがある。新しい症状が出てきた背景に、その若者のなかでそれまでの相談や治療に行き詰まりを感じていて、親とは別に、自分自身で自分のこころのなかの問題に取り組みたい、という気持ちが高まっているということがあるのかもしれない。

事例

以下に、週一回の頻度でおこなわれている思春期のケースのサイコセラピーのセッションの様子を紹介しよう。

中学生の男子Bは、小学生のときに学習障害を心配した母親がそのクリニックの外来に連れてきた。母親はBに対して過干渉な傾向が見て取れた。一見、飄々としているように見えるBは、それほどストレスを感じていないようにも見え、母親と同席の診察ではいつも笑顔でいた。ところが中学生になった頃からBは、身体のあちこちの痛みや脱力感を訴えるようになった。神経内科で診察を受けて、いくつかの検査をしたが、器質的な身体疾患の所見は見られなかった。

そして、以前から学習障害という診断で通っていたクリニックの主治医と相談した結果、男性の臨床心理士によるアセスメント面接をすることになった。そして、アセスメント面接のなかで、痛みや脱力感が厳しい教師の授業の前後に多いことや、脱力感が、テーマパークのジェットコースターが急降下するときの感覚に似ていることなどが語られた。そして、身体症状には教師や母親との葛藤などの心理的な要因が関与している可能性が高いと考えられたので、同じ臨床心理士による個人サイコセラピーをおこなうことが提案された。

サイコセラピーの面接では、テーマパークに行きたい気持ちなど、自分の意志が母親に否定されることや、父母が喧嘩するときに部屋に閉じこもり嵐が去るのを待つようにしていた話などをするようになった。ほどなく、症状は出なくなっていた。セラピストは、待合室でゲームをしていても名前を呼ぶとすぐにやめる様子や、面接の場面でもこちらに合わせて一生懸命話をする様子から、Bが不自由さや窮屈さも感じるのだろうと推測していた。

ある日、Bは面接中に突然『ここでオセロしたい』と言い始めた。セラピストはBが面接中に「自分の意志」を伝えられたのは初めてのことと感じた。そして『オセロをここでしたいのだろうけれども、どうして今それをやりたくなったのかについて話すことが大事だと思う』と伝えた。Bは『「ここでやったら楽しいのではないか」と思ったが、「それでいいのか」とも思った』と付け加えた。その後、両親がよく喧嘩をしていたので、自分が何か言うと家族内の緊張がさらに高くなると思って言いたいことを遠慮し続けていたことや、オセロをしていて弟は負けると泣いてしまい、それで自分がよく親に怒られていたことを想起した。さらに、テーマパークは、家族が自由に交流できる唯一の場所だったという話をした。その後の経過のなかで、Bは徐々に親からの分離の道を進み、自分の意志を親に伝えられるようになっていった。

このセラピーでは、面接のなかでも「良い子にして平和に過ごす」というやり方をしていたのだが、そのような態度のなかに表現されている転移について解釈をおこないながらも、Bの発達を暖かく見守るようなかたちで進められた。セラピストは、親からの分離や同一性の確立という発達課題も念頭に置きながらも、過度にBに肩入れせずに中立的に面接を進めたのである。

思春期のケースで週一回のセラピーが、このように有効に機能することもある。その際に大切なことは、なるべく親ガイダンスを併用することと、セラピストが本人の味方になるようなコメントをしたり、分離を促すような指示を与えたりしないことである。中立的な態度こそ、思春期の若者の主体性を守り、発達を促進するものである。

おわりに

子どもや思春期の若者における週一回の精神分析的なサイコセラピーについて、現場の雰囲気を伝えながら、私の理解や考え方に沿って述べてきた。発達途上の子どものこころの問題に対して、精神分析的な理解に基づいた週一回のサイコセラピーは幅広く適応できるし、思春期のケースでも非常に有用な場合があることを、ケースも例示しながら解説した。なお、もう少し私の考え方を知りたい人は、私の二つの論文〔2010, 2016〕も参考にして頂きたい。さらに深い学習を求める人は、児童や思春期のサイコセラピーの専門書を読むか、その領域のセミナーを受講して頂きたい。書籍としては、モートン・チェシックの著書を斎藤久美子らが邦訳した『子どもの心理療法――サイコダイナミクスを学ぶ』〔1999〕を読むことをお勧めする。また、英国における児童青年期の心理療法の治験を集大成したモニカ・ラニャードらの著書を平井正三らが邦訳した『児童青年心理療法ハンドブック』〔2013〕も、厚みのある本だがお勧めする。

ただし、児童思春期の患者（クライエント）に対するサイコセラピーについて学ぶためのもっとも良い方法は、実際にサイコセラピーを実践しながら指導を受けることであるということを最後にお伝えしておきたい。そして、そうした訓練のなかでは、自分自身の人との関わり方や自分自身の子ども時代や若者時代を振りかえることも求められる。

本稿を書くにあたって、臨床素材を提供するなど、ご助力頂いた東京福祉大学の沢哲司講師、北里大学病院の中島康輔臨床心理士、自衛隊神町駐屯地の佐藤真都佳臨床心理士の三氏に深く感謝いたします。

生地新（2010）「児童精神医学の実践における精神分析的理解の有用性について」精神分析研究 54（2）, 112–117.
生地新（2016）「子どもの精神療法――精神分析の立場から」児童青年精神医学とその近接領域 57（3）.
モートン・チェシック　斎藤久美子監訳（1999）『子どもの心理療法――サイコダイナミクスを学ぶ』創元社.
モニカ・ラニャード／アン・ホーン　平井正三・脇谷順子・鵜飼奈津子訳（2013）『児童青年心理療法ハンドブック』創元社.

週一回セラピーの独自性

第七章

現実生活への共感と「今ここで」の観察

——乳幼児観察から学ぶ

鈴木 龍

はじめに

私は論文「週一回精神療法における現実生活の主題と転移の扱い」〔鈴木 1998〕において、現実生活の体験が話されているとき、治療者が複眼的観点をとる重要性を論じて、現実的不安を共感的に受けとめるときに、幼児的不安がどのように露呈して、転移逆転移のレベルで扱われるかを検討した。しかしながら「そとの」現実生活への共感を「今ここで」の転移解釈と対立的なものととらえてしまうと、治療関係の現実―共感に含まれる逆転移と患者の非言語的コミュニケーションが見えなくなる危険性がある。

私は精神療法の実践と並行して、二十年間、乳幼児観察セミナーを主宰してきて、観察することが週一回精神療法に大きな意味をもつことを学んできた。本論考では、現実生活へ治療者が共感的に関わっているときに、「今ここで」起きていることを、乳幼児観察の「観察」という方法から理解して、そこに含まれる臨床的意味を検討したい。

乳幼児観察――週一回の母子関係の精神分析的観察

タヴィストック・クリニックにおける児童心理療法家の訓練としてBick, E.〔1964〕によって導入された乳幼児観察は、成人の精神分析のための基本的訓練としても採用されてきた。母子関係の観察に伴う逆転移としての原初的不安を抱えて、その意味を理解することを体験的に学ぶことが、精神分析的臨床に必要であると認識されてきたからである。

簡単に方法を説明する。生まれてから満二歳になるまで、観察者は毎週一回、一時間、家庭において母親と関っているひとりの赤ちゃんを観察する。それは客観的な観察でなく、情緒的に関与した観察であるが、母親に助言をしたり育児に手を出したりしない。観察後詳細な記録をつけて週一回の観察セミナーで報告・観察された幼児の行動と母親との関係の意味を討論する。その際、重要な手がかりは観察者の無意識的逆転移であるが、それは討論のなかで参加者の感情的反応を通して初めて意識化されることが多い。セミナーによって観察者は投影された原初的不安を抱えて、観察を継続していける。

精神分析との大きな違いは、耳で聴くことでなく、目で見ることによって幼児の非言語的コミュニケーションを理解しようとすることである。また、理解された不安の意味は、言語的に解釈されるのでなく、その後の観察によって理解の妥当性が確認されるのである。他方、目で見られた行動の意味、とりわけ不安や苦痛は観察者の無意識的逆転移によって受けとめられ、考えられ理解されると考える点で、乳幼児観察はきわめて精神分析的な観察なのである。

赤ちゃんKは受動的な子であったが、離乳食を導入されても、おっぱいにしがみついていた。仕事に復帰してから断乳を考えていた母親は一歳半のとき、予告どおり断乳をした。それへのKの反応は、機嫌がよく活発に動き回り、まったく違った子のような振る舞いだった。しかしながら母親は、断乳前後から体調が悪くなり、観察の場でも引きこもりがちであって、観察者も風邪が再発して不調で、かろうじて観察に通える状態に陥った。Kちゃんは、みずからが落下するような危険な遊びによって抱えられない不安を表わしてものの、まったく泣いたりしなかった。

Kの抑うつ的不安はどこに行ったのか。セミナーでは、無意識的に伝えられた不安によって、母親と観察者は身体不調に陥ったのでないかと話し合われた。観察者はセミナー仲間の反応によって抱えられて、圧倒的不安から回復。体調もよくなって、観察においてKの苦痛のみならず、母親の不安に共感的になれた。興味深いことは、Kちゃんが遊びつつ時おり観察者の方を振り向いて、観察者が見てくれていることを確認したことである。母親は以前のようにKを一方的に遊びに誘導するのでなく、我が子の自発性を受け入れた関わり方をするようになった。

このような乳幼児観察の方法とその経験は、週一回精神療法における「今ここで」の観察の仕方とその治療的意義を教えてくれる。

臨床事例

本論文の二つの事例は週一回精神療法ではなく、とくにX事例は隔週の面接であるが、患者の現実的問題に共感的に関わるとき、今ここでの観察と逆転移が重要な意義をもっていたという意味で、本質的に週一回精神療法と同様であると考えられる。

事例①――X君

十八歳の少年。母親が現役での受験に失敗した息子について相談しにきた。受験勉強をしないでネットとゲームばかりする。勉強について注意すると、苛立ってドアを蹴ったり壁に穴を開けたりすると訴えた。父親は会社員、母親は専業主婦。四人家族。幼稚園の頃から頑固で、母親の言うことを聞き入れなかった。進学校の高校に入ってから勉強しなくなり成績が悪化、高三になると欠席も増えた。父親（夫）が「本人に任せればいい」と関与しない態度であることに、母親は不満を述べた。

本人から連絡があったので面接すると、「今日一回だけ来るつもりだった」と冒頭に語ったものの、落ち着いた物腰の青年で好感がもてた。受験勉強については、やるしかないから予備校に行くつもりだが、母親の苦情については、彼が成しとげたことは認めてくれない、出来ないことについては何度も蒸し返すので頭に来ると訴えた。

四回のアセスメント面接で感じられたことは、彼が出来ると感じていることに失敗すると、自分がまったく駄目だと感じてしまうことだった。頑固さの裏にどうにもならない無力感があるようであった。それを指摘すると、「テレビドラマでは気持ちを扱っているが、自分は自分の気持ちなど考えたことがない」と答えたが、週一回の提案に対して二週に一回なら来ると言った。母親の強い不安を抱える必要があると思われたので、彼との面接に並行して母親との面接もおこないたいと伝えて、本人の了解を得た。

X君はすぐに予備校通いを始めた。面接では二週間の生活（勉強やインターネットのこと）、家庭での母との関係を語ることが多かった。受験勉強は夏ごろになるとだれてきて、解けない問題になると眠くなると言い、予備校に通わなくなり昼夜逆転した生活になった。彼の自己認識は、自由な高校生活によって「根性がなくなった。自分には外部の規律が必要」というものだった。母親は面接において、自分は不安になると、息子につい口を出して反発を招いてしまう。どうしたらいいかと訴えた。私は母親の不安に耳を傾けていった。

Xは志望校をレベルダウン。大学に入っても自分には規律が必要だと、厳しい寮生活が可能な体育系大学を第一志望とした。その受験が直前に迫ると、緊張感と身体的不安を訴えて、週一回の面接を希望、私はそれを受け入れ少量の抗不安薬を処方している。入学試験に合格すると、その後は、元来志願していた有名大学の受験準備を一切やめてしまった。私との面接は月一回で続けたいと希望、私はそれを受け入れた。

入学してみると、好きな本を読む時間さえない大学の不自由さに不満を感じて、数ヵ月後には寮の仲間の説得を振り切って退学してしまった。前回受けなかった私立大学への再受験を望んで親を説得、私との隔週の面接の再開を希望した。彼は辞めた大学での厳しい規律や寮仲間との親密さの体験については肯定的に感じていて、母親も息子が変化したと評価していた。私も彼にとっては青年期の実験であったと感じていた。

にもかかわらず、面接していくと、彼は失敗から何も学んでないかのようであった。外的規律が必要だから、アルバイトをしながら勉強すると決意したかと思うと、期待したようなバイトがないとさっさと諦めて、近くの小さな塾に通い始めた。そこは厳しさがあるし、個人的質問もできる雰囲気であるから大丈夫だと言って、不安が減ってきたので月一回の面接でいいのでないかと言う。

これまで私は、彼の現実的体験を共感的に聴いてきたが、今回、彼の考え方と対応を聴いて、私には「また逃げている、ダメな奴だ」という否定的な気持ちが生じてきた。それが逆転移だと意識したのは次回セッションであった。

面接のなかで現実生活の話をしながら、彼は右手を首の横にあてて、さするようなしぐさを二、三度繰り返した。「何だろう、首が気になるのだろうか」と私は思いつつ、首をはねられるような不安な空想を抱いた。Xは私を見ながら『話は変わるが……』と切り出した。『ここに来るとき、いつも考えることがある。自分には悩みもないし病気でもない。ここにくる必要があるのだろうか』と緊張した顔で問うてきた。私は彼から重要な問いを突きつけられたように感じて、彼の目を見ながら応えた。〈あなたは壁にぶつかると投げ出してしまうことを繰り返してきた。今回もそうしている。そのことを話し合って、どうしてそうなのかを理解する必要があると思う〉。すると、まったく予想もしなかった反応が返ってきた。『自分は考え違いをしていた。カウンセリングは悩みや病気の人のためと思っていたが、そうでないとわかった。ぜひ続けていきたい』と言って、さらに『ここで話すと、懐かしい気持ちになるし、安心しリセットされる気がする』と内心を初めて打ち明けた。

私が言った内容はこれまでも彼に伝えてきたことだが、今回、違ったことは、彼をよく観察しつつ逆転移を抱えて語ったのである。私にはこのときの観察が強烈であって、面接記録に「彼の表情やしぐさ、non-verbal behaviorを観察することを意図的にしよう」と記している。

その後、内的な変化は、夢や記憶の想起によって表された。夢では、首を切られる不安がテーマであって、幼いころから首を切られる恐怖があったことを想起した。私は手で首筋を触ったしぐさが原始的な去勢不安を表していたことを理解した。幼いころ、妹のような女の子を殺す犯罪者は許せないと思っていたこと、たまたま妹を殺害・解体した兄が逮捕される現実の事件が起きて、マスコミで大きく報道されると、彼はその兄の気持ちにも共感できると話した。無意識的に犯人は彼であったが、殺人犯の気持ちがわかると言えたように、去勢不安は和らいできて、彼は受験勉強に集中して志望の大学に入ることができた。

彼のしぐさの観察と逆転移のコンテイニングがあったからこそ、「今ここで」の転移解釈がなくとも、迫害的不安からリセットされて安心感と懐かしい気持ちを回復することが可能になったと思われる。この事例は「今ここで」の観察が治療的展開に重要なことをよく示している。

それでは、観察されることは患者自身にとって意味があることなのであろうか。それは次の事例がよく示している。

事例②——三十代の既婚女性　Yさん

精神科医から不安抑うつと激しい問題行動（リストカット、多量の飲酒、過食衝動、不倫関係など）が一年間続いているという理由で、精神療法のために紹介されてきた。

アセスメントの初回、Yさんは不倫行動のことから語った。SNSを通じて男性と交際するようになり、夫にばれてから「自分が崩れていくような不安」が始まったと言うものの、不倫することは「愛されていたいんだもの」と、やめるつもりはなかった。

　生育歴を聞くと、西日本の地方都市で生まれて、二歳のとき両親が離婚、家業を継いでいた祖母と母親との家庭で一人っ子として甘やかされて育った。大都市の有名小学校に必ず母親が付きそって電車で遠距離通学して、中高とも成績優秀で東京の大学に進学、何人かの男性と付き合ってから会社員の夫と恋愛結婚、二人の子どものいる家庭を順調に築いてきたが、子供が小学校に入ったとき発症したことがわかった。

　Yさんからは多くの情報が与えられたが、最大の情報は、私に強烈な不安が喚起されたことだった。激しい自己破壊的行動をとっていたのに、Yはまったく深刻に感じていないようであって、不安を抱く私を見て楽しんでいるように感じられた。

　彼女は次回、ためらいつつ、父親のことを語った。中学に入ったとき父の不在を不審に思って母親を追及したら、それまで聞いていたように父は死亡したのではなく実は二歳のとき離婚したのだと告げられて、『絶対的存在であった母が普通の母』になったし、『母の愛が私のためなのか、母自身のためなのかわからない。ぐちゃぐちゃの母子関係』と述べた。それを聴きながら私はYに共感的になったものの、『先生から見ると、私は扱いにくい患者なのか』と見つめられたとき、私は治療関係の性愛化を感じた。私はまず一年間は週二回の面接が必要だと告げると、彼女はすぐに納得した。

　私の提案に関して、夫はカウンセリングの必要性について聞きたいと要望、夫婦の合同面接がおこなわれた。Yは怯えて小さくなっていたが、印象的だったことは面接の終わりに『カウンセリングの結果、離婚になるにしても、私のカウンセリングですよね』と言い切り、その確認を私に求めたことであった。

　その後、Yは家事をおこないつつも、自分のウェブサイトを開いて自己表現と交流の場とするようになった。秘かに不倫相手と連絡をとっているようで、私は好奇心から詮索したいとの気持ちに駆られたが、それは私の逆転移反応であって、不倫の空想が「今ここ」ではたらいているのでないかと疑った。印象的なことは、私がうつむいて逆転移の意味について反芻していて、ふと目を挙げると彼女が私をじっと見つめていることだった。

　私は性的誘惑を感じとりながらも、しかしそれを解釈したら誘惑を具象化するように感じられたので、まず逆転移空想をコンテインしていくことが必要だと思った。しかし男性関係が続いているようだったので、転移性の恋愛感情の行動化として不倫を解釈した。それによって、不倫に求めているものについて彼女は考えられるようになった。

　Yさんは幼少時のことを断片的に語った。夜、眠ると自分がなくなる恐怖から眠れなかったこと、幼稚園で自閉症を疑われたことを話した。幼少時、離婚によって抑うつ的であったに違いない母親は幼児のYから投影された不安を抱えられなかったので、Yは母親を理想化して同一化したのでないか。内的な母との分離による喪失の不安が不倫の根底にあるでないだろうか、と私は考え始めた。

たまたまウェブサイトをめぐって激しい夫婦喧嘩が生じて、彼女は離婚を決意して郷里に帰って母親に相談、幼少時のときの母親の体験を自分は反復していると反省、『結論は家庭に戻ることにした』と面接で語った。しかし、それ以降の面接では、沈黙勝ちになり、生活でも軽うつ状態が続いた。治療開始後一年になるので、今後の面接について話し合うと、私の週一回の提案をYさんは頑として受け入れず、二週に一回なら来ると主張したので、私はそれで治療を続けることにした。

隔週での面接でも、Yさんは依然として沈黙することが多く、日常生活の事実を話すだけであったが、面接の単調さにもかかわらず、私の逆転移は強烈であった。内界が貧困化している、何か器質的な病的過程を見落としているのでないか、との不安に苛まれた。夢を聞いてみると、『実家の古い家に戻っている。母は台所で食事を作っているようだ。私は子供たちとこたつに入ってのんびりしている』という夢を話し、彼女は「母に甘えていたい気持ち」を述べた。私は「圧倒的な抑うつ的不安が私に投げ込まれている」と知的には理解したものの、暗澹たる気分であった。

このような沈黙がちの面接において、Yさんが私をじっと見ていることに、私は気づいていたが、それは、私が何か言うのを待っているかのように感じられた。しかしあるセッションで、私は彼女の凝視に応えて目を合わすと、アイコンタクトが数分間も続いて、私は彼女が目を通して愛着の気持ちを表わしているようだと思った。それは与えられるのを受動的に待っている視線ではなく、積極的な感情の表現であると私は感じとった。

このアイコンタクトが意味するものが何かは、当時の私にはわからなかったが、それが治療的転機になった。実際、その後、実生活では活気が出てきて、小学校のPTA活動など積極的に参加し始めた。家事をいい加減にすると、夫が立腹して、病気でなく怠けているだけだ、離婚も考えると宣告。大ゲンカにはなったが、Yさんは家事に努力することを夫に約束した。また、夫が週一回通うように言うと、それを聞き入れて、週一回来たいと希望した。六ヵ月の隔週の面接後、週一回精神療法が一年間続いた。そのなかで「私は私ですからね」と言ったように、母から分離自立した彼女は、父性的な夫と子どもとの三者関係を楽しめるようになった。

この事例は、投影されてきた不安を治療者がこころのなかで受けとめているのかを、Yさんが関心をもって見ていたことを示している。とりわけ、週一回治療を拒否することに伴う圧倒的な抑うつ的不安が治療者に抱えられているかを、彼女の凝視は見て取ろうとしたのだろうし、治療者の目のなかにみずからの不安がコンテインされていることがわかったので、内的な母との分離がなされて、第三者としての夫との関係が可能になったと思われる。

考察

週一回精神療法において、現実レベルでの共感と転移の理解という複眼的態度が大切であるが、「そと」での体験の語りには、「今ここで」の非言語的なコミュニケーションが伴われていて、それを理解するためには、治療者は患者を目で観察しつつ逆転移に注意を向けなければならない。

その意味では、週一回精神療法の面接はカウチでの精神分析に比べると、治療者は患者の表情やしぐさをよく観察できるから、非言語的コミュニケーションの理解に有利である。問題は治療者がその理解をどのように患者に返すのかであると思われる。精神分析においては、投影された不安が治療者によって受けとめられコンテインされて、転移の解釈として言語的に患者に返される。その過程こそ、精神分析的交流の中核である。しかし、週一回精神療法においても転移解釈はなされるものの、精神分析のような徹底性は期待できない。それでは、治療者によって咀嚼され理解された患者の不安は、非言語的に患者に伝えられる可能性はないのであろうか。

事例Xでは、治療者が少年をよく見て、切迫した不安を逆転移として受けとめたが、転移解釈はされなかった。それでも治療者の対応によって、少年は「懐かしい、リセットされる」と感じた。事例Yにおいては、投影された強い不安と性的空想を治療者は抱えていかなくてはならなかったが、その治療者を患者はじっと観察していた。内的母親からの分離のためには、治療者が圧倒的な抑うつ不安をコンテインすることが必須であった。その確認は、非言語的なアイコンタクトを通してなされた。

それはWinnicott〔1971〕の概念では、鏡としての母親の顔に映された自己像の確認であり、彼の精神療法の概念には伝えられたものを非言語的に患者に返す、という考え方が含まれている。非言語的コミュニケーションの重要性は、乳幼児観察によっても裏づけられる。観察者は原初的不安を抱えて理解するのであるが〔Rustin 1989〕、それによって母親は支えられるし、また赤ちゃんは、その観察者に関心を向けて、愛着心を表すようになる。こころに関心をもって見られることが、幼児には重要な意味があるので、幼児は観察者とのアイコンタクトを求めるのである。

乳幼児観察の知見は、精神分析理論に影響を及ぼしてきているが〔Wittenberg 1999〕、アイコンタクトが意味や志向性をもった幼児のこころの形成に不可欠であるという概念〔Haag 2000；Rhode 1997〕は、精神療法において、治療者によってコンテインされ意味づけられた不安がアイコンタクトを通して患者に伝達される可能性を示している。

もうひとつ、週一回精神療法が乳幼児観察から学ぶことができることは、第三者の存在の意義である。観察者は母親と赤ちゃんにとって第三者であって、赤ちゃんを観察しつつ母親と関わっている。母親の不安をコンテインすることによって、母親は赤ん坊から投影される不安を抱えられるようになる。また観察者は、赤ちゃんに目を向けることで、その不安を受けとめ理解することで、幼児のこころの成長に寄与できるのである。

同じように、週一回精神療法において、問題を抱えた本人との二者関係のみならず、第三者（事例では母親や夫）が含まれる面接構造を設定することが望ましいと思われる。週一回の面接において、治療者は患者の不安の投影を引き受けコンテインする。しかし他の六日間、家庭において患者に関わる第三者がすこしでも患者の不安を抱えられるように、治療者が並行面接において第三者に（患者との面接では第三者になる）耳を傾けることを考えるべきであろう。幼児だけでなく、思春期や成人においても、不安をコンテインする大人が傍にいる必要があるのである。

それはまた、患者との治療関係が第三者の存在を無視した二者関係に治療者が膠着しないようにする治療構造の工夫としての意味をもつであろう。そのためには、治療者のなかでふたつの治療関係が区別される必要があるし、また並行面接について、各々の面接内容を他に漏らさないという治療者の原則的態度を伝えて患者の了承をとってなされるべきことは言うまでもないであろう。

見ることやアイコンタクトの重視は、北山が指摘した日本的な母子の横並びの共視関係と相容れないように思われるし、また視線恐怖的心性とも葛藤するように思われるが、それゆえにこそ精神療法においては、治療者は患者に関心をもって観察できなくてはならない。それは侵入的な凝視を意味しない。ただ患者が治療者とのアイコンタクトを求めてくる瞬間には、治療者はそれを見落とさないで目を合わせて応えること、また理解・解釈を伝えるときは患者に目を向けて語りかけることが、週一回精神分析的精神療法においては重要なのである。

Bick, E.（1964）Notes on infant observation in psychoanalytic training. Int. J, Psychoanal.45, 558–566.

Haag, G.（2000）In the footsteps of Frunces Tustin：further reflections on the construction of the body ego. International. J. of Infant Observation 3–3.

Rhode, M.（1997）Psychosomatic integrations. Eye and mouth in infant observation. In Reid, S.（ed）*Developments in Infant Observation*. Routledge.

Rustin, M.（1989）Encountering primitive anxieties. In Miller, L. et al.（eds）*Closely Observed Infants*. Duckworth.

鈴木龍（1998）「週一回の精神療法における現実生活の主題と転移の扱い」精神分析研究 42–3.

Winnicott, D.W.（1971）Mirror-role of mother and family in child development. In *Playing and Reality*. Tavistock Publications.

Wittenberg, I.（1999）What is psychoanalytic about the Tavistock model of studying infants? Does it contribute to psychoanalytic knowledge? International J. of Infant Observation, 2–3.

第八章

精神分析的精神療法の意義と私

髙橋　哲郎

はじめに

精神分析的精神療法の意義は、人がそれに関わるなかで生まれ、逆にその人に影響を及ぼし、さまざまな言葉で表現されたり、あるいはこころの状態そのものになったりして、育ち、広がり、深まり、その力は弱くなったり強くなったりするものである。

そこで私は、六十年近い精神分析的〔以下、分析的〕サイコセラピストとしての人生の途上で、分析的精神療法がどんな意義をもっていたかを、分析、探索して行こうと思う。

私のあゆみ

土居健郎との出会い

一九六一年に精神科医になってから、ほとんど独学、我流の分析的精神療法をやっていたわれわれが、本格的な取り組みを始めたのは「土居ゼミ」に参加した時からである。一九六四年、精神分析の三回目の留学・研究から帰国した土居健郎は母校の東大精神科創設以来初めての精神療法セミナーを開講した〔編者註：当時の秋元波留夫教授の招きで始まり、土居の晩年まで続いた〕。それまで我流で行っていたわれわれは、水を得た魚のような勢いで参加した。これが、一生本格的に分析的精神療法に取組んでいこうと思う始まりになった。

セミナーは、精神科医や心理セラピストたちから成る二〇人から三〇人の中グループで毎週行われ、多くは週一回の面談によるセラピーが提示された。それを参加者全員参加で議論し、時折、土居がコメントするという仕方で進められた。このセミナーによってわれわれは、「分析的精神療法とは何か」を初めて実体験した。

土居は専門用語を使って解説することはほとんどなく、もっぱら、セラピストと患者の対話がどのように運ばれて行くか、どのような意味をもっているか、それに伴って患者がどのように変化するかを、鮮明に浮かび上がらせた。そのうえで、患者とセラピストにその時どのような考えや感情が起こっており、それらが力を及し合って、それぞれの言葉、行為、態度として表現されることになったかを理解するように、セミナーを導いた。それは今でいう「今ここで」と「あの時あそこで」の結びつき、つまり転移・逆転移をセラピストに認識させる、きわめて強力・有効な方法であった。また、発表者が自覚を避けたり、自他にごまかしや格好つけをすると容赦なく批判された。

その時に感じた恐ろしいほどの切迫感は、セミナーで土居が終始断言した「精神分析は心の真実の発見と表現なくしてはあり得ない」ということと関係があるかもしれない。真実は「恐ろしさ」を感じさせる力を持つ。

米国留学～州立病院研修

その後、数年して、私は米国に留学・移住した。分析的精神療法を本場の米国でできるだけ究めたいと決心したからである。当初は四、五年で帰国の心算だったのが徐々に延び、帰国移住するまで二十六年が経っていた。

私がレジデント〔米国で新たに国家免許を受けた医師が専門医試験を受ける前に修了すべき二〜三年間の臨床トレーニング中の医師〕として働き始めたのは、米国東部のある州立病院だった。米国映画「カッコーの巣の上で」〔編者註：一九七五年。ジャック・ニコルソン主演。強圧的管理的精神科病院において患者たちが自由の奪還に挑む物語〕の舞台となった病院を彷彿とさせる病院で、見渡す限りの丘陵の上に点在する十棟程の七、八階建ての大ビルディングにおのおの七～八百人の患者が収容され、一人のベテラン医師が管理、治療する。患者のほとんどが慢性統合失調症か中毒患者だった。われわれレジデントは訓練が必要なため、受け持ち患者数は抑えられていたが、それでも五〇人だった。私はすでに十年の経験があったうえ、分析的セラピストだったので、なんとか効果的診療面接と処方を行うことができたし、私の英語力でも、患者は喜んでよく話してくれた。

面接診療以上に役立ったのは、だだっ広いホールにたむろする患者たち一人一人と毎日顔を合す時の立ち話、時にソファに身体を沈めながらの四方山話であった。日本でのセラピストとしての訓練のおかげで、こういう日常の交流を通して、患者のこころを理解し、伝え、それがもとになってお互いに協力して、治療を少しでも進めることができたと思う。

異文化〔異言語、多人種〕のなかでの、初めての臨床活動である。むろん成功ばかりでなく、うまく行かないことも多かった。しかしそれに潰されることなく生き残れたのは、成功例からよりもうまく行かない時にこそ多くを学べる、分析的精神療法訓練のおかげだったろう。まさにに「分析的精神療法には、終りよければ全てよし、というようなところがある」と土居が残した警句が、むしろ私を励まし支えていたのだ。

慢性期精神病や重い人格障害患者への逆転移の問題は日米共通だが、病理の問題だけでなく文化の違いにも関係あると思われる二例を記そう。

統合失調症妄想型で中年女子患者が毎日病棟回診する私に好意を持ち、ある時、私の頬にキスをした。そのあと実は食糞の患者と知らされて、次の回診時ちょっとひるんだ私に彼女は激怒し、「お前は私を憎んでる」と叫んだ。このリンダ〔髙橋 2010〕の場合や、私のオフィスに呼んで週一回の分析的セラピーを始めた大学出青年ロバートが間もなく、私が同性愛をしかけていると州知事に訴えの手紙を送った例など、統合失調症への接近のしかたの難しさを代表する。

しかし、このような困難なケースを分析・吟味することにより、統合失調症の愛と憎しみの力動理解を臨床に役立てることができた〔Fairbairn 1954：岡田・髙橋 2007：髙橋・野島・権・太田編著 2010：髙橋 1980, 1980s, 2003, 2004a,b,c, 2007a, 2007b, 2009, 2010a,b〕。

日本の大学を辞職して、妻子と四人で生まれて初めて米国に渡り、一般レジデントとして州立病院で働いた最初の二年間は、不安に満ちた毎日だった。しかし今、振り返って見るに、ここでの体験は私のかけがえのない宝になった。精神分析的精神療法を究めるという決心がさらに固められたのである。

メニンガー・クリニック

〔編者註：一九二五年、メニンガー父子により設立。力動精神医学を入院治療に応用〔Novotoney 1973〕。一九四五年に併設されたメニンガー精神医学校では土居健郎をはじめ多くの日本人が研修を受けた〕

二年間の州立病院レジデンシーを卒え、私は、メニンガー精神医学校児童部門での二年間の専門訓練を許された。分析的セラピーのスーパーバイザーは、思春期精神医療の当時国内的・国際的リーダーのドナルド・B・リンズレー *Donald B. Rinsley* だった〔Mahler 1968；Rinsley 1980〕。また、教育・訓練に携わるほとんど全てのスタッフが精神分析に直接・間接に関わる人だったので、精神分析そのものへの私の関心は次第に強まっていった。その時点で発見したのは、分析的セラピーは通常週二回だということだった。確かにその方が、力動的なこころの動きを掴むのが容易だった。日本の訓練は週一回セラピーであるために、始めからより難しい道を歩むことになるのを覚悟すべきだろう〔飛谷 2016 参照〕。

児童プログラムを終え、運よくメニンガー・クリニックの大人部門に就職できた。このときの面接試験で、患者の実例を提示され、どのように対話するかを、ロールプレイで演じさせられたが、土居のもとで身につけた分析的精神療法の技量が認められたようだった。

当時メニンガークリニックでは、カール・メニンガーも八十歳を超えていたが、毎週一回、夜、彼の分析的随想を語る会を開いていた。また、今も九十歳で健在のオットー・カーンバーク〔2012〕が病院長、当時から国際分析学会の方針のもと、日本の精神分析運動の成長に尽力していたラモン・ガンザレイン〔1989〕と、九十五歳で今なお教え続けるレナルド・ホーウィッツ〔2014〕が、分析的集団精神療法を率いていた。このような精神分析的環境のなかで、私は、その進展のルーツになっている精神分析そのものにますます興味を抱くようになった。長年、分析的精神療法に傾倒してきたが、私はそのルーツである精神分析を真実にはまだ知らないのだった。

一九八〇年に世界精神医学会が大阪で開かれ、ロイ・メニンガー会長が参加した際、メニンガー力動精神医学の臨床を日本に導入するためのワークショップおよび訓練の提案があった。これがきっかけで、メニンガー日本プログラム〔編者註：メニンガーのスタッフの来日による集中ワークショップが約十年間にわたり開催された〕が一九八三年から始まった〔髙橋 1980's〕。日本精神分析学会もこのプログラムを積極的に受け入れた。このプログラムの責任者になった私が学会のセラピストたちと初めて身近になったのは、その頃からである。

分析的精神療法と精神分析の異同への関心

日本の精神分析の実態が国際基準〔編者註：国際精神分析協会ではセッションを週四回以上と定めている〕に準拠する米国のそれとは懸け離れていることを、私が知ったのはその時である。そして日本式〔北山 2011〕はカウチと自由連想法という精神分析構造〔小此木 1990, 2003〕の一部を残し、頻度を週一、二回に減らしていること、そして、解釈は精神分析理論に基づいた説明的なものが多いという印象を強く受けた。訓練もこれをもとに行われるので、当然、国際基準を満たしていない。そして内容的には分析的精神療法に近かった。

「精神分析」を実施しているというある人によれば、カウチと自由連想法を用いていることが分析的精神療法との相異とされ、「精神分析」がより上級のセラピーを行っているという自負も感じられた。逆に、カウチ・自由連想を用いず面談法を行っている人は、まるで二級のセラピーを行っているかのような引け目を感じているようだった。

このような発見もきっかけのひとつになって、私の関心は分析的精神療法と、国際基準の精神分析との異同〔Alexander 1954 ; Fromm-Reichmann 1954〕に向くようになり、それをはっきりさせたいと思った。そのためには、私自身が国際基準の訓練を卒業し公認されたうえでなければ、責任あることは云えない。私はアナリストになることを決意した。

精神分析と分析的精神療法を曖昧にする原因のひとつに、後者の実践者が自らの行っていることに誇りをもっていない、ということがあるのではないかと考えるようになった。後述するように、帰国後の私のセミナーでは、特に、分析的精神療法が国際基準の精神分析とは異なる特徴を把握し、その専門性を磨くことに誇りを持つよう励ました

〔髙橋 2007, 2010〕。

精神分析自体のプロセスと同様に、その理論の発展も、分析（相違を明らかにする）と統合（相違を超える）を繰り返しながら発展してきた〔Eagle 2011〕。精神分析と分析的精神療法においてもまず相違を明らかにすることが必須で、初めから曖昧を容認するのでは、科学的発展はない。

私自身の訓練分析の体験では、「未だ意識されていない己のこころの真実は何か」「それが自他に明らかになることへの不安と防衛の発見と理解」「自らが他者に真に受け入れられるということはどういうことなのか」を体験できた。そして、この経験はおそらく精神分析でなければ得られないだろうと確信した。

帰国後の教育研修

八年間のインスティチュート訓練の後、念願の米国および国際精神分析協会の公認を得た六十三歳の私は、アナリストとして日本に帰国し、大阪で初期には日本医師会元ブレイン故松田孝治の支援のもと、やがて自前で、「精神分析セミナリー」を創立し、精神医療臨床家たちを対象に、精神分析、分析的精神療法、集団精神療法などの教育研修を始めた。このときは、国際基準精神分析と分析的精神療法との異同は、以前の私に比べればよりはっきりしていたので、すでに精神療法を職業としている人々相手の私の研修では、まず分析的精神療法の特徴、長所をいかにはっきりと認識させるかに重点が置かれた。私が三十年前に志した分析的精神療法の真髄に近づくには、日本ではそれまで曖昧だった両者の区別とそれぞれの特徴を、より明確に認識することが第一歩である。そのうえで、精神分析にない特長を十分に活用し、精神分析が十分に果たせない部分を補うことで、分析的精神療法の意義は確固としたものになる。

なお、この問題においては、特に一九五三／五四年、より最近では一九八〇年代に米国精神分析学会で熱心に討議された〔Alexander 1954 ; Calef 1954 ; Frorm-Reichmann 1954 ; Rangell 1953 ; Morris 1992 ; Sandler 1996〕その間、精神分析理論の多元化、子どもの発達理論の取り入れなどが見られた〔髙橋 2003〕。

精神分析と分析的精神療法の差異

目的・目標

精神分析の第一義的目的・目標は、未だ意識されていないこころの真実を探求し、より退行した転移のなかで、アナリストとアナリザントの主として言葉による交流を通して、それが発見・検討・洞察されることである。そして、そこに至るまでの分析プロセスが内在化されるということ、つまり自己分析の能力が育っていることがより重視される。

この文脈では、確かにアナリザントのカウチ上での自由連想と、アナリストの中立的態度、および週四、五回という頻度が最適の方法であろう。しかし後述するように、精神分析的精神療法では、そうとはいえない。

精神分析では達成目標は学派によって異なる〔Hamilton 1996〕。たとえば、伝統的自我心理学派では、アナリストの中立的態度を通してアナリザントの防衛を弛めつつ転移の退行を促進させ、小児神経症の発展を促進させる。伝統的クライン学派では、アナリザントの原始的対象転移表現を始めから積極的に指摘・解釈する。関係学派では、分析のカプルの病的内的交流の発生的解釈とワークスルー、あるいは共生的関係から分離固体化関係への移行をワークスルーすること、米国自己心理学派では、全能的自己対象関係を満足させることに失敗したアナリストとの関係をワークスルーすることなどである。

適　用

右の分析過程にポジティブに応じる能力があると診断された人で、長期間の精神分析作業を遂行するための時間や経済的負担を支える現実が保証され、その覚悟がある人ということで、精神分析が適用される人々はそう多くはない。

精神分析的精神療法では、適用される人々の範囲はずっと広がる。まず、適応となる人々が定まる。それは、病的な症状あるいは解決すべき問題を持って助けを求めてきた人々である。したがって、内在化プロセスよりも、症状・問題の解決を助けることが第一目的であり、患者自身の目標をもとに話し合い、患者のもともとの性格の健康部分を生かした目標を決める。私の成功例では、上述の精神分析諸学派によるそれぞれの目標が全体的に程よく患者個々のニーズに従って達成されている、という印象だった〔Wachtel 2008〕。

技法

まず設定であるが、分析的精神療法では、カウチ、自由連想法を使うよりも、より支持的な要素が備わり、病棟回診や集団、教育・指導の交流ともつながる面談方式〔髙野 2011〕がより有効であろう。ことに週一回という頻度では、カウチ・自由連想方式では、ごく特殊な例を除いては、せっかくの意義が失われ、しかも精神療法目的達成の力がかえって弱められてしまうと思われる。

患者のなかで、神経症病理の勝っている人々には、より探索的方法（表出的精神療法）〔編者註：分析的原則に基づいた精神療法一般をさし、患者が心的体験を意識化言語化することをめざす〕が用いられ、神経症水準より重い病理をもっている人々には、より支持的な方法（支持的精神療法）が用いられる。この二つの接近法を使いこなしたり、分析的精神療法として最も有効な、支持的であると同時に探索的でもある解釈・介入を適宜に行えるようになるまでには、かなりの修練と経験が要求される。あるベテランアナリストが「分析的セラピーを教えるのは、アナリシスを教えるより、難しい」と言ったが、例えばこういうことも含んでいるだろう。また、精神分析は中立的アナリストのもとで、転移退行の深化をはかるきわめて探索的な自由連想法（こころに浮かんだことを全て話す）と、それへの抵抗のワークスルーを、週数回、何年間も続ける（支持・探索的）というより確固とした基本設定に助けられて行われるからであろう〔Ablon, Jones 2005〕。

一九四〇年代から二十年から三十年間に、いわゆる重い人格障害、境界性障害、軽症あるいは寛解・安定期の精神病障害の分析的精神療法の技法が発達し、より無意識的力動の探索も行われるようになり、神経症より重い病態に対しても、より深い治療、したがって、より全体的、より長続きする治療効果が得られるようになった〔Gill 1954〕。

この文脈で、フレッド・パイン *Fred Pine* が、重態患者のセラピーについて唱導した、「鉄は冷たい時（安定している時）に打て」という金言は役に立つ。また彼は、「精神分析はできるだけ分析（探索）を、どうしても必要な時に精神療法をすること」を勧めたが〔Pine 1998〕、私は「分析的精神療法は、効果がある限り、程よい支持的精神療法を、しかし、必要、かつ患者が応じられると判断される時には、表出的精神療法を」と続けたい。

治療関係については、分析的精神療法ではセラピストの人間性・個性が控え目であるがよりはっきりと表現される。私は精神分析を受ける前に二年間、精神療法を受けたが、ずっと後になってよく思い出されたのは、セラピストの人柄であった。これに比し、精神分析では、むしろアナリストとの言葉のやりとりであったことも、ひとつの証しになるかもしれない。また、前者は転移関係の解消というよりも、穏やかな陽性転移関係の継続という見方もできよう。

教育的セラピーの実践

私の帰国後、十七年間にわたった研修・講習提供の仕事も後半に入ると、分析的精神療法の特徴、すなわち、実際性・効用性・応用性という特徴を十分に生かして使うことが、前よりも自由にできるようになった。ひとつには、私にとって、精神分析と分析的精神療法の相異がますますはっきりしてきたからであり、精神分析候補生〔編者註：日本精神分析協会における精神分析家をめざす訓練生〕に対する私のスーパービジョンのなかでも、その相異を実例に則して指摘することが多くなった。候補生たちは皆、分析的精神療法ではベテランだったので、その教え方は明確に彼らの身についた、という印象をもてた。

私の臨床実践の実例として、「分析的精神療法セラピストの逆転移精神療法」がある。これは、セラピー実践上特に重要な「逆転移」をめぐって、という短期・焦点精神療法（週一回、八〜十二回）〔Davanloo & Heditor 1980〕である。このなかでは、特に逆転移の発見と理解、そして解決を目指すが、その作業のなかで必然的に行われるセラピスト自身の、また意識されていなかったこころの真実の発見と理解・洞察を目指した。そしてこの作業は、セラピスト（患者）自身の望むところでもあった。

セラピーの週一回という頻度は、日本の治療文化になってしまった感がある。たとえば私の講習会の生徒五〇名程に、週二回のケースを持つように一年間にわたって励ましたことがあるが、もう少しというところまで行った人が一人だけという実状だった。確かに、精神療法が職業として成り立つためには、需要があることが前提ではあるのだが。

むすび

今は昔、六十年ほど前に「精神分析的精神療法」の真髄を究めて達人になりたいと大志を抱いた頃の「週一回の分析的精神療法」の私にとっての意義は、その後の職業的遍歴のなかでさまざまに変化・進展した。分析的セラピスト自身のこころの成長や職業的変遷の節目節目で感ずる意義は、変わってもよいし、その人その人で異なるのはむしろ当然である。

「意義」は個人個人に特有な、他の人がそのまま繰り返すことのできない体験に属する。この点、精神分析体験に共通する。しかし、あえて私の場合を一般化して言うとすれば、精神分析的精神療法の意義は、自らが関わっていることについて、それまで意識できないでいた自他の心の真実を自覚させ、それによって自分や他人を助けられることを実感・実践し、やがてこの道を究めようと決心し、維持し、人生を生き抜くことを可能にしてくれることだ、と言えるだろう。

この道は、入ることは比較的容易だ。そして、その意義を吟味しつつ歩んで行けば、迷いこむことはない。しかし、出口はなく、永久に辿り続けなければならない道なのかもしれない。繰り返すが、そもそも、分析的精神療法は、患者の治療と並行して、セラピスト自身の心の真実発見と理解を限りなく深く探求し続けることが前提なのだから。

Ablon, J.S., Jones, E.E.（2005）On Psychoanalytic Process. *J.Am.Psychoanalytic Assoc*, 53（2）541–568.

Alexander, F.（1954）Psychoanalysis and Psychotherapy. *J.Am.Psychoanalytic Assoc*, 2：722–733.

Benjamin, J.（1990）Recognition and Destruction：An Outline of Intersubjectivity. In：Mitchel, Aron ed.（1999）*Relational Psychoanalysis：the Emergence of a Tradition*. The Analytic Press, 181–210.

Calef, V.（1954）（reporter）Panel：Training and Therapeutic Analysis. *J.Am.Psychoanalytic Assoc*, 2：175–178l.

Eagle, M.N.（2011）*From Classical to Contemporary Psychoanalysis：Critique and Integration*. Routledge.

English, S.（1953）（reporter）Panel：The Essentials of Psychotherapy as Viewed by the Psychoanalyst. *J.Am.Psychoanalytic Assoc*, 1：550–561.

Fairbairn, W.R.D.（1954）A Revised Psychopathology of the Psychoses and Psychoneuroses. In：*An Object Reations Theory of the Personality*. pp.28–58. Basic Books.

Fromm-Reichmann, F.（1954）Psychoanalytic and General Dynamic Conceptions of Theory and of Therapy：Differences and Similarities. *J.Am.Psychoanalytic Assoc*, 2：711–721.

Ganzarain, R.（1989）／髙橋哲郎監訳（1996）『対象関係集団精神療法――対象・道具・訓練の基盤としてのグループ』岩崎学術出版社.

Gill, M.M.（1954）Psychoanalysis and Exploratery Psychotherapy. *J.Am.Psychoanalytic Assoc*, 2：771–797.

Hamilton, V.（1996）／髙橋哲郎監訳（2008）『分析家の前意識――諸学派56人のインタビューによる研究』岩崎学術出版社.
Horwitz, L.（2014）Listening with the Fourth Ear：Unconscious Dynamics in Analytic Group Psychotherapy, Karnac. 権成鉉監訳中.
Kernberg, O.（2012）*The Inseparable Nature of Love and Aggression：Clinical and Theoretical Perspectives*. American Psychiatric Publishing.
北山修（2011）『フロイトと日本人――往復書簡と精神分析への抵抗』岩崎学術出版社.
Mahler, M.（1968）*On Human Symbiosis and Vicissitudes of Individuation. vol.I, Infantile Psychosis*. International Univ. Press.
Morris, J.L.（1992）（reporter）1989年秋学会パネルより. Psychoanalysis and Psychoanalytic Psychotherapy：Similarities and Differensis：Therapeutic Technique. *J.Am.Psychoanalytic Assoc*, 40：211–221.
Novotny, P.C.（1973）The Pseudo Psychoanalytic Hospital. *Bulletin of the Menninger Clinic*, 37（3）：193–210.
岡田暁宜・髙橋哲郎（2007）「蘇生解釈の治療的意義について――統合失調症の精神分析的精神療法」精神分析研究51（3）303–311.
小此木啓吾（1990）「治療構造論序説」岩崎徹也ほか編『治療構造論』岩崎学術出版社.
小此木啓吾編（2003）『精神分析のすすめ――わが国におけるその成り立ちと展望』創元社.
Pine, F.（1998）*Diversity and Diraction in Psychoanalytic Technique*. Yale University Press.
Rangell, L.（1953）（reporter）Panel：Psychoanalysis and Dynamic Psychotherapy：Similarities and Differensis. *J.Am.Psychoanalytic Assoc*, 2：152–166.
Rinsley, D.B.（1980）*Treatment of the Severely Disturbed Adolesent*. Jason Aronson.
Sndler, J. & Dreher, A.U.（1996）*What Do Psychoanalysis Want?：The Problem of Aims in Psychoanalytic Therapy*. Routledge.
Stolorow, R.D. & Atwood, G.（1992）*Contexts of Being：The Intersubjective Foundatinos of Psychological Life*. Psychoanalytic Press.
高野晶（2011）「対面法と相互交流」精神分析研究55（3）227–234.
Takahashi, T.（1980）Adollescent Symbiotic Psychopathology：A Cultural Comparison of American and Japanese Patterns and Resplutions, *Bull. of the Menninger Clinic*.
髙橋哲郎編（1980s）「メニンガー病院臨床活動――チーム医療・家族療法・個人精神療法・組織・団体・社会精神衛生」（プリント印刷）メニンガー・クリニック（推薦：日本精神分析協会・日本精神分析学会）.
髙橋哲郎（2003）『改訂　子どもの心と精神病理』岩崎学術出版社.
髙橋哲郎（2004a）「統合失調症に対する力動精神療法とその有効性」（特集「統合失調症の精神分析的精神療法」小林和編）精神分析研究48（3），61–69.
髙橋哲郎（2004b）「髙橋の症例提示」精神分析研究48（3），107–114.
髙橋哲郎（2004c）「精神病的転移と転移性精神病」精神分析研究48（3），108.
髙橋哲郎（2007）『精神分析的精神療法セミナー――発見・検討・洞察の徹底演習［技法編］』金剛出版.
Takahashi, T.（2007）Sexuality of Paranoid Schizophrenics in Object Relations Giveup Psychotherapy：Freud's Theory of Paranoia Revisited. *Japanese Contributions to Psychoanalysis*, vol.2 104–110.
髙橋哲郎（2009）「精神分析療法のインスティテュート訓練を受ける人人への助言」日本精神分析協会ニュースレター.

高橋哲郎（2010）「土居先生の治療技法――個人的想い出の中から」精神分析研究 54：4.
高橋哲郎・野島一彦・権　成鉉・太田裕一編（2010）『力動的集団精神療法――精神科慢性疾患へのアプローチ』金剛出版.
高橋哲郎（2010）『精神分析的精神療法セミナー――発見・検討・洞察の徹底演習〔障害編〕』金剛出版.
飛谷渉（2016）『精神分析たとえ話――タヴィストック・メモワール』誠信書房.
Wachtel, P.L.（2008）*Relational Theory and the Practice of Psychotherapy*. Guilford.

あとがき

本書は、日本で精神分析に関わる者にとっての葛藤の現場を指し示すことでしょう。あるいは、もしもこれを割り切っていられるなら、幸せなことでありましょう。

かつて我が国には、回数の少ない精神分析的精神療法をそのまま精神分析だと思い込もうとしたところがありました。まず本書は、その思い込みを脱錯覚するにちがいありません。

お茶もお花もそうかもしれませんが、文化的に共有されやすい円環的な時間感覚を生み出すようであり、それで当然のごとく精神療法でも「週一回くらい」の出会いが適当になっているようです。週一回の巡り来る「時間」に身を任せようとするのは、歳時記の感覚で、それなりに文化的な独創性に満ちているところがあるのです。

しかし〝喪失の心理学〟である精神分析は、円環的な時間に加え、始まりと終わりのある直線的な時間を強調します。ですから、ここで異なった形で分化する精神分析的な精神療法は、親である精神分析から多くを学びながらも、その子としての違いを思い知り、自己紹介の言葉を獲得するプロセスに入ったのです。

もちろん、「贈り物」や「子」という発想も思い上がりかもしれませんし、その〝幻滅の苦さ〟は強烈かもしれません。それでも、本書に見られるように言葉を得たなら、いよいよ《週一回サイコセラピー》は精神分析から自立する時がきたのです。

そして、その関係は「同盟」でしょう。じつは日本では、連携あるいは同盟 *alliance* という言葉が、フロイトの言葉のなかでも最も使われない言葉なのですが、これは「あれとこれと」の共存を意味します。同盟軍には裏切りもあり、二つに分かれるのですから、その違うものが共存しようとするとなると「あれかこれか」で葛藤することになり、同時にそれぞれが独自性を発揮せざるをえないはずです。

その葛藤に意味があり、連携で引き裂かれないでいたなら、やがては〝葛藤の苦しみ〟にこそ意義が見つかって、なにか解決のためのアイデアが生まれることでしょう。ここで私には「百年近い歴史を噛み締め、日本の精神療法は、精神分析と連携しながらも違う言葉を語り始めたのだ」というマニフェストと、出発の鐘が聞こえるのです。

私の個人的体験ですが、対面しないという精神分析の自由連想の設定の特徴であることを強調したら、すぐにそれは対面法でも可能であるという「同じことだ」という反証が出たことがあります。だから私たちは「精神療法は精神分析と違うのだ」と、いくら言っても構わないでしょう。なにか違いを言うこととは、なにか他のことを言わないことなのであり、主張することとは、ああだこうだと言われることでもあるのです。その結果得られる、精神療法と精神分析の差異、重複、そして競争の議論こそ、意味あるところであります。つまり、別れたら、それまで似た者どうしのようだった二者に違いが見えてきて、同じような顔で変わりなく見えていたものの、それぞれの顔がはっきりするのです。

本書の編集に関わったこの一年、私は、国際的な内外のあいだに立つことが多くて、〝週一〟がもたらす問いかけについて何度も考えています。〝週一〟と精神分析とを等価に扱うことについては、ずっと、国際的にみて正確に理解されないところが多く、不思議な存在だったのです。『内なる外国人――A病院症例記録』（北山修著、みすず書房、二〇一七年）で示したように、なにより大きな差をつくっているのが訓練分析や個人分析の有無であり、次いで文化の違いでしょう。欧米でも週一でやっているとか、海外でも同じ問題があるというのは、たいていが問題を取り違えているのです。だからこそウィニコット（1977）の言うように「週一回の治療は、週五回の治療とオンディマンド法とのあいだで座る椅子を失う」のかもしれないのです。原語で「座る椅子を失う」は“falling between the two stools" というフレーズですが、その「虻蜂取らず」あるいは「どっちつかず」「二兎を追うもの一兎をも得ず」という意味こそが、日本の精神療法の積極的な特徴だと思うのです。

そこで居場所を得るためには顔を見せる自己紹介が必要です。抵抗の積極的理由として繰り返される「お金がない」「時間がない」そして「濃厚な人間関係」や「恥の感覚」に加えて、むしろ「自然との共存」という因子を追加すべきだと考えています。たとえば『劇的な精神分析入門』(2007)でも書きましたが、日本絵画における自画像の少なさに見られ、外に向けて自分の顔を描かない日本人の傾向としても際立つのです。つまり、多くの文化論者が述べてきたように、その理由は自己と自然との一体感ですが、それこそ依存であり、「自然主義」と呼べるものでしょう。

何もなければ自然環境は当然視されていても、ひとたび何かあったなら地震、津波、台風が一番の脅威となるわけですが、自然に憧れながら不自然に生きる人間たちは、大いなるこの自然美に癒されながらも、自然の脅威と自然破壊に怯え、また「見るなの禁止」でそれを普段は忘れて見ないようにしているのでしょう。

精神分析が取り扱う父や母とのつながりの問題は、すべてこの自然と自然環境との関係の重要な一部となるときがあります。円環的時間のなかで余裕や遊びを得るために、こういう自然に依存しながら展開する、折り合いやバランスや妥協のロジックこそが、逆に考え方の決定因子となっていると思います。そして、環境を考慮する精神分析、あるいは、母なる自然への依存を踏まえる精神療法は、これからますます、言葉で日本から発信すべきものとなり続けるのではないでしょうか。

歴史の流れを踏まえた、そういう「自立」の葛藤と不安、そして喜びに満ちた本書は、画期的な書物です。

******　　******　　******

企画から完成まで、振り返ればそれは着実な流れでもありました。そして、その成果である本書の出版を支えた編者・髙野晶氏の堅実さは、まさにそれを代表しています。彼女を含むすべての執筆者たちに対し、敬意を表わしておきたい。そのうえで、創元社の津田敏之さんにありがとうと言い、そしてフロイト派精神分析そのものと多くの精神分析家たち精神療法家たちに、感謝を表わしたい。

二〇一七年 九月

北山 修

著者紹介

岡田暁宜　（おかだ・あきよし）
名古屋市立大学大学院医学研究科修了、医学博士。
南山大学人文学部心理人間学科教授／保健センター長。

平井正三　（ひらい・しょうぞう）
京都大学大学院教育学研究科博士課程満期退学、臨床心理士。
御池心理療法センター代表、NPO 法人子どもの心理療法支援会理事長。

妙木浩之　（みょうき・ひろゆき）
上智大学大学院文学研究科博士課程満期退学、精神分析家、臨床心理士。
東京国際大学人間社会学部教授、南青山心理相談室。

岡野憲一郎（おかの・けんいちろう）
東京大学医学部卒業、医学博士。京都大学大学院教育学研究科教授。

池田政俊　（いけだ・まさとし）
千葉大学医学部卒業、医学博士。
帝京大学文学部心理学科教授、南青山心理相談室室長。

村岡倫子　（むらおか・みちこ）
三重大学医学部卒業。
心の杜・新宿クリニック、副院長。

生地　新　（おいじ・あらた）
山形大学大学院医学研究科博士課程修了、医学博士。
北里大学大学院医療系研究科教授、現・日本精神分析学会会長。

鈴木　龍　（すずき・りゅう）
東京大学医学部卒業、医学博士。
鈴木龍クリニック。

髙橋哲郎　（たかはし・てつろう）
東京大学医学部卒業、医学博士。
日本精神分析協会名誉会員、米国・国際精神分析学会生涯会員、日本（米国）集団療法学会名誉（フェロー）会員。

監修者紹介

北山　修 （きたやま・おさむ）

1946 年、兵庫県生まれ、京都府立医科大学卒業、医学博士。
九州大学名誉教授。
元・日本精神分析学会会長、国際精神分析協会正会員。

著書に以下のもの他多数。
『言葉の橋渡し機能』〔岩崎学術出版社，1993〕
『幻滅論』〔みすず書房，2001〕
『劇的な精神分析入門』〔みすず書房，2007〕
『覆いをとること・つくること』〔岩崎学術出版社，2009〕
『評価の分かれるところに』〔誠信書房，2013〕
『意味としての心』〔みすず書房，2014〕
『定版　見るなの禁止』〔岩崎学術出版社，2017〕

編著者紹介

髙野　晶 （たかの・あき）

1956 年、東京都生まれ、京都府立医科大学卒業。
東京大学心療内科、公立昭和病院心身医療科主任医長、東京国際大学人間社会学部教授を経て、2012 年より、心の杜・新宿クリニック副院長。

日本精神分析協会精神分析的精神療法家。
日本精神分析学会認定精神分析的精神療法医・スーパーバイザー。

共著書に『ナルシシズムの精神分析』藤山直樹編〔岩崎学術出版社，2008〕、『専門医のための精神科臨床リュミエール 28：摂食障害の治療』西園マーハ文編〔中山書店，2010〕、『治療者のための女性のうつ病ガイドブック』上島国利監修・平島奈津子編著〔金剛出版，2010〕、『精神分析から見た成人の自閉スペクトラム』福本修・平井正三編著〔誠信書房，2016〕など。

週《しゅう》一回《いっかい》サイコセラピー序説《じょせつ》
精神分析《せいしんぶんせき》からの贈《おく》り物《もの》

2017年11月10日　第１版第１刷発行

監修者……………………………………………………
北山　修
編著者……………………………………………………
髙野　晶
発行者……………………………………………………
矢部敬一
発行所……………………………………………………
株式会社 創 元 社
http : //www.sogensha.co.jp/
本社　〒541-0047 大阪市中央区淡路町4-3-6
Tel.06-6231-9010 Fax.06-6233-3111
東京支店　〒162-0825 東京都新宿区神楽坂4-3煉瓦塔ビル
Tel.03-3269-1051
印刷所……………………………………………………
亜細亜印刷株式会社
装　丁……………………………………………………
上野かおる

ISBN978-4-422-11637-2 C3011